예문을 중심으로 배우는

개정판 PERFECT 일본어문형

| 손동주 · 공미희 · 박미영 · 손다은 공저 |

PUKYONG NATIONAL UNIVERSITY PRESS
부경대학교 출판부

| 개정판 |

예문을 중심으로 배우는

PERFECT 일본어 문형

2017년 2월 28일 초판발행
2022년 8월 29일 개정판발행

저　자 | 손동주·공미희·박미영·손다은
감　수 | **藤野謙一**(부경대학교), **佐久間司郎**(일본국제교류기금),
河室兼一郎(동명대학교), **南睦美**(영산대학교)

발행인 | 장 영 수
발행처 | 부경대학교 출판부
주　소 | 부산광역시 남구 대연3동 599-1
전　화 | (051) 629-6914
F A X | (051) 629-6917
E-Mail | upress@pknu.ac.kr

값 15,000원

ISBN　979-11-87263-54-8 (93730)

| 머리말 |

일본어는 우리말과 어순과 문법체계가 비슷하여 한국인이 배우기에 가장 쉬운 외국어임에는 틀림없다. 그래서 일본어를 아주 단시간에 습득할 수 있을 것이란 생각을 하기 쉬운데, 어느 정도 일본어를 공부하다 보면 문법이나 문형 등에서 장벽을 느낄 수 있을 것이다.

특히, 어느 정도의 생활일본어가 가능한 중·상급의 학습자들도 의사소통에는 문제가 없으나 보다 세련되고 자연스러운 일본어를 구사하기 위해서 학습자들은 현재 자신의 일본어 실력을 가다듬고, 취약한 부분을 메워줄 수 있는 보다 고도의 문법적 지식을 바탕으로 한 표현문형 등에 대한 지식의 습득이 절실히 필요함을 느낄 것이다.

일본어 표현문형에 관한 서적은 넘쳐난다. 그러나 기존의 책과는 달리, 이 책은 이런 갈증을 해소하기 위하여 다음과 같은 방법으로 구성하였다.

1. 문형유형을 접속형태별로 크게 5가지로 분류(동사, 조사, 조건표현, 형식명사, 그 외)했으며, 또한 각 항목별로 접속방법에 따라 세부적으로 재분류하여 문장의 흐름파악을 용이하게 했다.
2. 문형만을 전개한 암기식의 시판 책과는 달리, 본 교재는 문법을 바탕으로 문형에 따른 의미적인 특징을 기술하였기 때문에 이해도가 빠를 뿐만 아니라 습득력도 효율적이다.
3. 딱딱한 교과서 등과 같은 무거운 예문이 아니라, 일상생활에서 많이 사용되는 살아있는 예문을 적용시켰기 때문에 학습자들이 쉽게 접근할 수 있다.
4. 각 문형에 따른 예문은 4개씩을 기술하였으며, 접속방법이 여러개인 경우는 「그 외 접속」으로 표기해 예문 2개씩을 더 추가했다.
5. 다른 문형과 비교설명이 필요하거나, 또는 보충설명이 필요한 경우에는 **cf** 로 나타내어 학습자들의 궁금점을 해소시켰다.

6. 포인트를 점선박스로 표시해서 그 문형이 가지는 보다 심화한 내용을 제시했으며, 또한 유사한 표현과의 차이점도 설명하였다.
7. JLPT나 JPT와 같은 일본어 시험문제와 유사한 유형으로 연습문제를 제시하여 학습한 상황을 확인할 수 있도록 하였다.

표현문형이라고 하면, 딱딱하고 암기해야하는 재미없는 책으로 인식되기 쉽다. 암기식의 문형보다는 문법적인 이해를 바탕으로 한 표현문형이며, 또한 살아있는 예문을 사용함으로써 더 쉽고 더 일상생활에서 잘 사용할 수 있고, 현실을 반영하는 표현을 제시함으로써 학습자들이 쉽게 접근할 수 있도록 노력한 것이 이 책의 큰 장점이라고 할 수 있다. 이러한 장점을 잘 활용하여 학습자들이 보다 쉽게 일본어 표현문형에 다가갈 수 있게 되길 바라는 마음으로 집필하였다.

마지막으로 이 교재를 완성하기까지 도움을 준 부경대학교 대학원생 장민영, 이은주와 학부생 김초록, 이유송, 이윤정, 조현근에게 감사의 말을 전한다. 그리고 일본어 예문을 감수해 주신 부경대학교 藤野謙一 교수님과 일본국제교류기금 佐久間司郎 교수님, 동명대학교 河室兼一郎 교수님, 영산대학교 南睦美 교수님께 깊은 감사의 말을 전한다. 아울러 이 교재는 부경대학교 MICE 인재양성 사업단의 예산의 일부를 지원받아 집필하였다.

2022년 8월

저자 손 동 주

목 차

1. 동사에 접속

2. 조사에 접속

3. 조건표현

4. 형식명사에 접속

01 동사에 접속

1.1 사전형에 접속하는 표현

文型 1

V-る+一方(いっぽう)(で) ~하는 한편

후항에는 그것과는 다른 것도 진행되고 있다는 표현이 이어짐

1) 대조

▸ 平均寿命が伸びる一方で、健康に悩む人も増えている。

▸ 仕事をする一方で、遊ぶことも忘れない、そんな若者が増えている。

2) 병행

▸ 彼は病院に勤める一方で、地域ではボランティア活動にも参加している。

▸ 海外旅行に行きたくて外国語を勉強する一方で、バイトをしながら金を貯めている。

cf V−る＋一方だ ~할 뿐이다, 계속해서 ~하다

▸ 経済はますます悪くなる一方だ。

▸ 食品やガソリンは値上がりする一方だ。

▸ 深刻な高齢化により、納税できる人は減る一方だ。

文型 2
V-る+うちに ~하는 동안에

「V-ている間に」의 의미로서, 동작이 행해지는 동안에 발생한 사건이나 변화를 나타내는 표현이 이어짐

- ▸ 先生の話を聞いているうちに眠くなってきた。
- ▸ 子供が寝ているうちに後片付けを済ませた。
- ▸ 我々が生きているうちによその惑星に行けるかも!
- ▸ 韓国に何度か来ているうちにキムチが大好物になった。

cf ~ないうちに ~하지 않는 동안에, ~하기 전에

- ▸ 忘れないうちに言っておくね。
- ▸ 台風が来ないうちに屋根の修理をしよう。
- ▸ ラーメンが伸びないうちに早く食べましょう。
- ▸ 自分が知らないうちに感染しており、抗体ができている人が多いです。

文型 3
V-る+恐(おそ)れがある ~할 염려(우려)가 있다

바람직하지 않은 경우로 주로 뉴스나 해설, 기사, 광고 등에 사용

1 동사에 접속

- ▸ 早く手術しないと、手遅れになる恐れがある。
- ▸ このテレビドラマは子供に悪い影響を与える恐れがある。

▸ 赤字が続くと、大きい会社であっても不渡りを出す恐れがある。
▸ 子供が口に入れる恐れがあるので、手の届かない所に置いてください。

2 명사에 접속

▸ 午後から大雨の恐れがあるので、外に出ないでください。
▸ 今日から明日にかけて、関東地方で大雪の恐れがあります。

文型4 V-る+かたわら ~하는 한편

전항에는 주된 행위가 후항에는 그 이외의 행위가 제시됨

1 동사에 접속

▸ 彼女は医者として働くかたわら、小説も書いています。
▸ 彼女はしっかり勉強をするかたわら、アルバイトもしている。
▸ 私は学校に通うかたわら、休日はスーパーで働いている。
▸ 父はサラリーマンとして会社で働くかたわら、夜は大学で勉強している。

2 명사에 접속

▸ 本業のかたわら翻訳の仕事もしている。
▸ 仕事のかたわらサックスの練習に励んでいる。
▸ 彼女は会社勤めのかたわら、ボランティア活動にも積極的に取り組んでいる。

文型 5

V-る+が早(はや)いか ~하자마자

「～するのとほとんど同時に」「～するとすぐ」의 의미로, 문어체적인 표현임

- 母の顔を見るが早いか、涙が出てきた。
- 電車が着くが早いか、乗客は先を競って乗り込んだ。
- 彼はその言葉を聞くが早いか、部屋を飛び出していった。
- 彼はとてもお腹が空いていたので座るが早いか「いただきます」とも言わないで食べ始めた。

文型 6

V-る+がゆえに ~ 때문에, ~라는 점에서

주로 문장체에서 원인이나 이유를 나타내는 용법으로 쓰임

1) V-る

- 愛するがゆえに憎しみも強くなった。
- 動かぬ証拠があるがゆえに有罪が確定した。
- 彼女は女性であるがゆえに管理職になれなかった。
- 結果にこだわりすぎるがゆえに小さなことに心を奪われることになる。

2) V-た

- 子供ができたがゆえに、3月末で退職させられました。
- 寒い時、海辺でバーベキューをしたがゆえに、風邪を引いてしまった。

文型 7

V-る+代(か)わりに ~대신에

1 동사에 접속

- ダイエットのため、ケーキを食べる代わりに果物を食べた。
- フランス語を勉強する代わりに中国語の勉強をすることにした。
- お正月は海外旅行に行く代わりに、近くの温泉でゆっくりしたい。
- この頃はお店で服を買う代わりに、ネットで買う人が増えたそうだ。

2 명사에 접속

- ご飯の代わりにパンを食べました。
- 今朝はコーヒーの代わりにココアを飲んだ。
- ジュースの代わりに豆乳を飲んだら、お腹も空かなくなった。

文型 8

V-る+きらいがある ~하는 경향이 있다

문어체적인 표현으로 주로 좋지 않은 상황일 때 쓰임

1 동사에 접속

- 彼女は寂しくなるとすぐ泣くきらいがある。
- 最近の若い人は活字を嫌がるきらいがあります。
- 私の友達は思ったことをすぐ言ってしまうきらいがあります。
- 人は自分に都合のいい話にだけ耳を傾けるきらいがある。

2 명사에 접속

▶ うちの子は偏食のきらいがある。

▶ 彼は最近、どうも飲みすぎのきらいがある。

文型 9 V-る+際(さい)(に)は ~때에는

「時」보다 격식 있는 표현으로 어떠한 기회, 계기 등의「～때」를 나타냄

1 동사에 접속

1) V−る

▶ 森林を伐採する際にはまず届け出が必要です。

▶ 工場に入る際には必ずマスクを着用してください。

▶ 鍋を持つ際には火傷しないように注意してください。

▶ 旅行に行く際は忘れ物をしないように気を付けて下さい。

2) V−た

▶ 東京に来た際はいつでもご連絡ください。

▶ この絵は社長が中国を訪問した際に北京で買ったものです。

2 명사에 접속

▶ 入院の際にはいろいろお世話になりました。

▶ 緊急の際にはこのボタンを押してください。

文型 10

V-る+始末(しまつ)だ (결국) ~하는 상황에 처하다

주로 문말에 사용되며 바람직하지 못한 상황이나 결과를 나타냄

▶ うちの娘はダイエットのしすぎで病気になり、入院する始末だった。

▶ 妹はお金がなくて、電気や水道やスマホまで止められる始末だった。

▶ ダイエットのためにランニングを始めたが、走りすぎて膝を痛めてしまい、病院に通う始末だ。

▶ あの人は遅刻はする、約束は忘れる、ついには居眠り運転で事故を起こす始末だった。

文型 11

V-る+たびに ~할 때마다

동작이나 작용이 일어나는 빈도를 나타내는 표현

1 동사에 접속

▶ 小犬を見るたびに幸せな気分になる。

▶ 春が来るたびに父は花粉症で大変だ。

▶ 彼らは顔を合わせるたびにいつも喧嘩ばかりする。

▶ 私は梅雨が来るたびに憂うつな気分になるんです。

2 명사에 접속

▶ 危機のたびに団結する会社。

▶ 納期のたびに金融機関の窓口に行くのは面倒なことだ。

연습문제

Ⅰ. 次の文の(　　　)に入れるのに最もよいものを一つ選びなさい。

1. 父は農業の(　　　)、小さい店を経営している。

1) かたわら　　2) あまり　　3) うちに　　4) いかんで

2. あの大統領は庶民性をそなえている(　　　)、人気を集めているという。

1) たびに　　2) 際(に)は　　3) がゆえに　　4)かたわら

3. 授業終了のベルを聞く(　　　)、生徒たちは教室を飛び出していった。

1) につけ　　2) が早いか　　3) にあたって　　4) たびに

4. 山辺先生の授業は、試験を受ける(　　　)レポートを出してもよいことになっている。

1) が早いか　　2) 際(に)は　　3) たびに　　4) かわりに

5. 電車を降りる(　　　)、傘を忘れないようにご注意ください。

1) ところ　　2) 際は　　3) うえで　　4) 以来

Ⅱ. 次の文の＿★＿に入れる最もよいものを一つ選びなさい。

1. 彼女は、何でも ＿＿＿ ＿＿＿ ＿＿＿ ＿★＿ 。

1) 悪い方に　　2) きらいがある　　3) 物事を　　4) 考える

2. 健康のためジョギングを始めたが、走りすぎて ＿＿ ＿＿ 、＿＿ ＿★＿ 。

1) 病院に通う　　2) くじいてしまい　　3) 始末だ　　4) 足首を

3. 友達の会社は ＿＿＿ ＿＿＿ ＿＿＿ ＿★＿ 。

1) つぶれる　　2) おそれがある　　3) このままでは　　4) 不景気で

4. 自分の仕事をする ＿★＿、＿＿＿ ＿＿＿ ＿＿＿ ならない。

1) 子供の　　2) 一方で　　3) 面倒も　　4) 見なければ

5. うちの旦那は ＿＿＿ ＿★＿ ＿＿＿、＿＿＿ 買ってきてくれる。

1) 行く　　2) 旅行に　　3) おみやげを　　4) たびに

文型 12

V-る+ともなしに ~할 생각도 없이 ~하려고 하는 생각 없이

「～しようというつもりはなく、ただなんとなく～する」라는 무의식적으로 행해진 동작을 나타냄

- 晴れていたのでどこへ行くともなしに家を出ました。
- 聞くともなしに聞いていたら、隣の人が私の悪口を言っていた。
- テレビを見るともなしに見ていたら、中学の時の友人が出ていた。
- 寝るともなしにベッドに横になっていたら、いつの間にか寝てしまった。

文型 13

V-る+なり ~하자마자, ~하거나

1) 그 동작의 직후에 예상하지 못한 일이 일어났을 경우

- 彼女は両親を見るなり抱きついた。
- 隣の席の人は授業が始まるなり寝てしまった。
- 課長は事務室に入ってくるなり大声でどなった。
- 彼は自分の会社のニュースを聞くなり家を飛び出していった。

2) 예로 제시할 경우

- 頭が痛いなら、薬を飲むなりしたらどうですか。
- 時間があるなら、掃除をするなり課題をするなりしなさい。

文型 14

V-る+のみだ ~뿐이다

- あとは見直すのみだ。
- 今はただ本店だけが残っているのみだ。
- 君がやるべきことは卒業まで勉強するのみだ。
- 私たちは向こうの担当者からの返事を待つのみだ。

文型 15

V-る+はずがない ~일 리가 없다

- 時間にきびしい彼だから寝坊するはずがない。
- 何回も練習したので間違えるはずがないでしょう。
- 旅行を楽しみにしていたので遅れてくるはずがない。
- あの二人に限って喧嘩するはずがないと思っていた。

文型 16

V-る+ほか(は)ない ~할 수 밖에 없다

- この勝負は諦めるほかはない。
- ここまできたら最後までやるほかないでしょう。
- 大雨が降ったら、遠足は延期するほかない。
- 私の不注意で壊したのだから弁償するほかない。

文型 17

V-る+ほどのことでは(でも)ない
~할 정도의 것은/도 아니다

동작이나 상태의 정도를 나타내는 표현으로 「～할 정도의 일은 아니다」라는 의미

- そんなに驚くほどのことではない。
- わざわざ調べに行くほどのことではない。
- こんなことで笑うほどのことではないと思うけど。
- わざわざお越しになるほどのことでもないのに。

文型 18

V-る+まい ~하지 않을 것이다

화자의 강한 부정적인 의지나 추측을 나타낼 때 사용하는 표현

- この映画は二度と見るまい。
- この気持ちは君には分かるまい。
- 公園を作るのに反対する人はあるまい。
- こんな怪我で死ぬまいと思うが、念のため医者に相談してください。

cf ～じゃ(では)あるまいし ～도 아니고

- 子供ではあるまいし、暗い所が怖いなんて信じられない。
- いつまで寝ているの。病気じゃあるまいし、早く会社に行きなさい。
- コンピューターじゃあるまいし、そんなに難しい計算は頭の中ではできないよ。

文型 19

V-る+まで(のこと)だ ~하면 된다

다른 방법을 사용하면 되니, 걱정하지 않아도 된다고 하는 화자의 긍정적 사고를 나타냄

- ▶ そんな話は断るまでだ。
- ▶ あとは彼の返事を待つまでのことだ。
- ▶ 飛行機がだめなら、列車で行くまでのことだ。
- ▶ もし単位が取れなかったら、次の学期に頑張るまでのことだ。

文型 20

V-る+までもない ~할 것까지도 없다

- ▶ こんな計算は簡単すぎて、電卓を使うまでもない。
- ▶ ちゃんと理解しているだろうから、私が教えるまでもない。
- ▶ この料理は絶対においしいだろうから、味見するまでもない。
- ▶ 詳しい使い方のマニュアルがあるから、わざわざ説明を聞きに行くまでもない。

文型 21

V-る+やいなや ~하자마자

- ▶ そのニュースを聞くやいなや、涙が出てきた。
- ▶ この本を読み終わるやいなや、次の本も読むつもりだ。

- 発売されるやいなや、その雑誌はすべて売り切れになった。
- 社長はオフィスに戻ってくるやいなや、緊急ミーティングを開いた。

文型22 V-る+よう(に) ~하도록

1) 가능, 권고

- 私にも分かるように説明してください。
- 始発電車に間に合うように早く家を出た。
- 道を渡る時は横断歩道を渡るようにしてください。
- 赤ちゃんが食べられるように小さく切ってください。

2) 기원

- いつか留学できるように。
- 一回で合格できるように。
- 志望の会社に就職できますように。
- みなさんがご無事でいられますように。

文型23 V-る+ようになる ~하게 되다 (가능)

불가능한 상태에서 가능한 상태로, 혹은 실행되지 않는 상태에서 실행되는 상태로 변화하는 것을 나타낸다. 가능을 나타내는 표현에 접속하는 경우가 많음

- ▶ 昨日から早く帰ってくるようになった。
- ▶ 赤ちゃんはもうすぐ笑うようになると思う。
- ▶ 私は子どもの頃に比べて、よく食べられるようになった。
- ▶ 彼女は好きな人ができて、よくしゃべれるようになりました。

文型 24

V-る+よりほか(に/は)ない

~이외에는 방법이 없다

문제가 있는 상황에 있어서, 그것을 하는 것 이외에 해결방법이 없다고 하는 것을 나타낸다. 「～しかない」「～以外にない」라고도 함

- ▶ 発表のことは先輩に頼るよりほかはない。
- ▶ 誰にも頼めないから自分でやるよりほかはない。
- ▶ ここまで来たらもうぶつかっていくよりほかにない。
- ▶ 母が病気で倒れてしまって帰国するよりほかはなかった。

연습문제

Ⅰ. 次の文の(　　　)に入れるのに最もよいものを一つ選びなさい。

1. 就職が決まらなくても困らない。アルバイトをして生活する(　　　)。

   1) ようだ　　2) までだ　　3) ばかりだ　　4) までもない

2. できるだけのことは全部やった。あとはただ結果を待つ(　　　)。

   1) まい　　2) だけある　　3) のみだ　　4) までもない

3. 喫茶店で、となりの席の話を聞く(　　　)聞いていたら、私の大学の話だったので驚いた。

   1) ともなしに　　2) なり　　3) あるまいし　　4) やいなや

4. そんなに難しい問題を子供が分かる(　　　)んですよ。

   1) はずだ　　2) べきだ　　3) はずだった　　4) はずがない

5. 息子が無事生まれたとの知らせに、父が喜んだのは言う(　　　)。

   1) までもない　　2) よりほかにない　　3) までのことだ　　4) はずがない

Ⅱ. 次の文の＿★＿に入れる最もよいものを一つ選びなさい。

1. 機械 ＿★＿ 、＿＿＿ ＿＿＿ ＿＿＿ 、デメリットばかりです。

   1) 毎日残業を　　2) するのは　　3) おかしなことですし　　4) ではあるまいし

2. 彼は毎日テニスのレッスンを ＿＿＿ ＿＿＿ ＿＿＿ ＿★＿ でしょう。

   1) すぐ上手に　　2) ようになる　　3) できる　　4) 受けているから

3. 私の不注意で ＿＿＿ ＿＿＿ ＿＿＿ ＿★＿ 。

   1) 弁償する　　2) ほかない　　3) のだから　　4) 壊した

4. バスがバス停に ＿＿＿、＿＿＿ ＿＿＿ ＿★＿、彼は飛び出していった。

   1) 開く　　2) ドアが　　3) 止まり　　4) やいなや

5. 時間がある ＿★＿、＿＿＿ ＿＿＿ ＿＿＿、課題をするなりしなさい。

   1) なり　　2) そうじを　　3) する　　4) なら

1.2 ます형에 접속하는 경우

文型 25

V-R+得(う・え)る ~할 수 있다

R−うる/える

부정형에 접속할 경우에는「～える」로 활용함

- ▸ 戻り得るならば、もう一度あの時に戻りたい。
- ▸ 彼女ならオリンピックでもメダルを獲得しうるだろう。
- ▸ まさか彼が犯人だったなんて、今も信じえないことです。
- ▸ 捜し得るかぎり捜してみたが、その書類はとうとう見つからなかった。

ポイント

※ 동사의 가능형과의 차이점

1. V-れる : 의지적인 행위를 나타내는 동사의 경우에만 사용
   - ▸ 私は3年で100m泳げるようになった。
   - ▸ 5才なのに漢字が読めるようになりました。

2. R-うる : 의지가 없는 경우에도 사용할 수 있다. 단, 능력을 나타내는 경우에는 사용할 수 없음
   - ▸ 事故はいつでも起こりうる世の中だ。
   - ▸ この本の難しさは一言で表しうるものではない。

   (x) 私は日本語が話しうる ⇨ 私は日本語が話せる。

文型 26

V-R+かける 막~하려고 하다, ~하기 시작하다

▸ もうだめかと諦めかけた時、彼女が手伝ってくれた。

▸ レポートを書きかけたのに、友達に来られて最後までできなかった。

명사를 수식할 경우에는「の＋名詞」의 형태로 사용함 : ~하다가 만

▸ 使いかけのものを人にあげてはいけない。

▸ 食べかけのお菓子があるのを忘れていた。

文型 27

V-R+がたい ~하기 어렵다

어떤 동작을 행하는데 심리적 저항을 느껴 그 동작의 실현이 곤란하다는 것을 나타내는, 다소 딱딱한 말투

▸ とても信じがたい話だが、本当だって。

▸ 彼女との出会いは忘れがたい思い出でした。

▸ 監督はその女優の態度は受け入れがたいと話してた。

▸ あの子、すごく美人なんだけど、なんだか近寄りがたい印象だよな。

ポイント

※にくい와 차이

어떤 동작을 행하는 것이 물리적 또는 기술적으로 어려운 경우에 사용되며, 다소 부드러운 어감의 표현

▸ このパソコンは使いにくいです。

▸ プラスチック製容器は割れにくい。

▸ 専門用語で書いてあるため、この本は実に読みにくい。

文型 28

V-R+がちだ ~하는 경향이 있다, ~하기 쉽다

▸ 新入社員にありがちな過ちである。

▸ 難しい問題が出ると、諦めがちになる。

▸ 国全体の利益より個人の利益を優先しがちだ。

▸ 肯定的な人はいつもよい方向に考えがちの傾向がある。

文型 29

V-R+かねない ~할지도 모른다

나쁜 결과가 될 가능성이 있는 경우에 쓰이는 표현으로, 사태의 변화에 대한 화자의 우려를 나타냄

▸ 危うく大事故になりかねないところだった。

▸ その生き物は保護しなければ、近い将来に絶滅しかねない。

▸ 火災になりかねないから、ガソリンスタンドでは禁煙すべきだ。

▸ 飲酒運転は大きな事故につながりかねないので、絶対にしてはいけない。

文型 30

V-R+かねる ~하기 힘들다

할 수 없는 것이 아니라, 심리적 상태에서 그렇게 하기가 곤란한 경우에 사용

▶ その質問にはお答えしかねます。
▶ 田中さんがやっていることはどうも理解しかねる。
▶ 彼女に本当の事を言いかねて、彼はだまっていた。
▶ 労働条件の変更について会社から説明を受けたが、私はどうも納得しかねる。

文型 31
V-R+次第(しだい) ~하자마자

1 동사에 접속

▶ 雨がやみ次第、試合を再開ですね。
▶ 明日の予定が決まり次第、電話します。
▶ 今の状況が分かり次第、ご連絡いたします。
▶ 新しい情報が入り次第、こちらに掲載させていただきます。

ポイント

후항에 자연적인 경과에 의해 발생하는 것이나, 과거의 일을 나타내는 경우에는 사용불가

(x) 3連休に入り次第、日本へ旅行に行った。
(x) 夜9時のニュースが伝わり次第、地震が起こる。

2 명사에 접속 : ~에 따라, ~에 달렸다

▶ 考え方次第で楽になることもある。
▶ 子供は親の育て方次第で変わる。
▶ 買うか買わないかはあなた次第だ。
▶ ビアガーデンに客がたくさん来るかどうかは天気次第だ。

연습문제

Ⅰ. 次の文の(　　　)に入れるのに最もよいものを一つ選びなさい。

1. 現段階で考え(　　　)最善の方法だと思う。

　1) かける　　2) うる　　3) きる　　4) ぬく

2. 友だちに信じ(　　　)話を聞いてまだ落ち着かない。

　1) かねない　　2) っこない　　3) がたい　　4) きれない

3. 当ホテルは盗難についての責任を負い(　　　)、貴重品は各自で保管してください。

　1) かけますので　　2) つつありますので　　3) かねますので　　4) 得ますので

4. テーブルの上においた書き(　　　)の手紙を母が片付けてしまった。

　1) がち　　2) かけ　　3) 次第　　4) つつ

5. 都市生活は運動不足になり(　　　)です。

　1) っぽい　　2) うり　　3) っこない　　4) がち

Ⅱ. 次の文の　★　に入れる最もよいものを一つ選びなさい。

1. 明日の ＿＿＿ ＿＿＿ ＿★＿ ＿＿＿ ね。

　1) 連絡する　　2) 次第　　3) 決まり　　4) 予定が

2. あんなきつい先生の ＿＿＿ ＿★＿ ＿＿＿ ＿＿＿ 。

　1) 行き　　2) にくい　　3) ところには　　4) 相談に

3. これで大騒ぎに ＿＿＿ ＿＿＿ ＿★＿、＿＿＿ ことはしばらく言わない方がいい。

　1) 結婚の　　2) かねない　　3) から　　4) なり

4. 夕飯の支度をしようと思ったら、＿＿＿ ＿＿＿ ＿★＿ ＿＿＿ しかなかった。

　1) 腐りかけの　　2) 中には　　3) 野菜　　4) 冷蔵庫の

5. 歴史の本は難しい ＿＿＿ ＿＿＿ ＿★＿ ＿＿＿ 理解しにくいです。

　1) がち　　2) 用語が　　3) なので　　4) 使われ

文型 32 V-R+そうだ ~일 것 같다

무의지동사나 동사의 가능형에 접속하여 눈앞에 있는 상태나 사건을 보고 곧 일어날 일을 판단해서 추측하는 경우에 사용

- よい結果が得られそうだ。
- 今日は雨が降りそうな空模様です。
- あ、危ないな。今にも崩れ落ちそうだ。
- おいしそうなケーキだけど、ちょっと高いかも。

1) 「もうちょっとで」「今にも」등을 동반하기도 함

- あの古い家はもうちょっとで崩れそうだ。
- 赤ちゃんは今にも泣き出しそうな顔をしていた。

2) 정도가 심한 것을 비유적으로 나타내는 관용적인 표현으로도 사용

- あの人がいやで死にそうだ。
- 夜中にエアコンの音がうるさくて、気が変になりそうだ。

ポイント

※ 화자 자신의 일을 표현할 때는 사용할 수 없음

(x) 私は結婚を諦めそうだ。

→ ようと思っている

cf ~そうに(も)ない ~할 것 같지 않다

그와 같은 일이 발생할 가능성이 적다고 하는 의미를 나타냄

▸ このままでは会議が始まりそうもない。

▸ このままでは時間どおりに終わりそうもない。

▸ 今日は頭が痛すぎて、授業に行けそうにない。

▸ どうしてもあんなに難しいヨガのポーズはできそうにない。

文型33

V-R+つ V-R+つ ~하기도 하고, ~하기도 하다

능동과 수동처럼 반대의 의미를 나타내는 동사에 접속하여, 양쪽의 동작이 반복해서 이루어지는 경우에 사용

▸ 彼とは持ちつ持たれつの関係だ。

▸ 先週のカーレースは追いつ追われつの大接戦だった。

▸ 昨日の相撲は押しつ押されつだったが、結局横綱が勝った。

▸ 道が分からなくて行きつ戻りつしているうちに、やっと見つかった。

文型34

V-R+っこない ~할(일) 리가 없다

▸ フランス語なんてできっこないでしょう。

▸ ノーベル賞なんて僕はもらえっこない。

▸ こんなに難しい問題は私には解けっこない。

▸ 私がどんな目にあったか、君には分かりっこない。

文型 35

V-R+つつ ~하면서

1) 병행

「AつつB」는 A라는 동작을 조금씩 하면서, B에 초점을 맞추어 동작을 하는 경우

▸ イヤホンで音楽を聞きつつゲームをしていた。

▸ うどんを食べつつパソコンを使って作業していた。

▸ コマーシャルの仕事をやりつつ音楽の仕事もやりました。

2) 역접: ~하면서도

A라고 생각하면서도, 그와 반대되는 B라는 행위를 하는 경우에 사용

▸ 会社の文句を言いつつ、働き続けている。

▸ 食べてはいけないと思いつつ、つい食べてしまう。

▸ 悪いと知りつつ、つい落し物を自分のポケットにしまい込んだ。

文型 36

V-R+つつある 조금씩 ~하고 있다

동작이나 작용이 어떤 방향을 향해 조금씩 진행되고 있는 상태를 나타냄

▸ 台風が近づきつつある。

▸ あの人は最近痩せつつある。

▸ 少しずつ語彙の力が伸びつつある。

▸ 先週から風邪を引いていたが、今は治りつつある。

文型 37
V-R+っぱなし ~한 상태로 두다

어떤 동작이나 사건이 일어난 결과의 상태가 지속되고 있는 경우에 사용

- ドアを開けっぱなしにしていたら、猫が入ってきた。
- 歯磨きをする時、水を出しっぱなしにしないで下さい。
- 部屋を散らかしっぱなしにしていたので、母に叱られた。
- 部屋の電気をつけっぱなしにして出てきたことに気づいた。

文型 38
V-R+っぽい ~경향이 있다

1 동사에 접속

- 人は年を取ると、みんな忘れっぽくなります。
- 彼は飽きっぽい性格なので、今まで何回職場を変えたのか分からない。

2 그 외 접속

명사

- 彼の話はいつも嘘っぽくて信じられない。
- 彼女、大人っぽいね。まだ15歳だなんて信じられないよ。

イ 형용사

- 彼の言葉遣いはちょっと荒っぽいです。
- このテーブルは高いのに、安っぽく見える。

文型 39 V-R+ながら

1 동사에 접속

1) 동시 : ~하면서

전항의 동작은 후항의 동작을 하면서 병행하는 부차적인 동작을 나타냄

▸ 食事でもしながら相談しましょう。

▸ テレビを見ながら眠ってしまった。

▸ 音楽を聴きながら勉強をしている。

▸ 家事をしながらでも常に会社のことを考えている。

2) 양태 : ~때부터

명사(형)에 접속하여 그 상태가 변하지 않으면서 지속되는 상태나 모양

▸ 昔ながらの素朴な味を感じていただけます。

▸ 人の性格というのは生まれながらのものでしょうか。

3) 역접 : ~이면서도, ~인데도

「も」를 동반하기도 함

▸ 寒いと言いながらもアイスを食べている。

▸ 風邪をひいていながらも学校に行った。

▸ 子供は文句を言いながらも後片付けを手伝ってくれた。

2 그 외 접속

イ형용사

▸ このカメラは小さいながらも画質がよい。

▶ 金さんは体は小さいながらなかなか力がある。

ナ형용사

▶ 残念ながら諦めざるを得ません。

▶ あの人は貧乏ながらも高級なバッグを買っちゃう人だよ。

文型 40

V-R+ぬく　끝까지 ~하다, 계속해서 ~하다

▶ 考えぬいた末に出した結論です。

▶ あなたはこの仕事を最後までやりぬくつもりですか。

▶ 彼は厳しい訓練を耐えぬいた末に代表選手として選ばれた。

▶ 戦争の苦しい時代を生きぬいてきた人たちは精神的にも強い。

文型 41

V-R+ようがない　~할 방법이 없다

다른 방법이 없는 상태일 때 사용하는 표현

▶ このスマホ、もう直しようがない。

▶ 質問の意味が分からなくて答えようがなかった。

▶ 道が通行止めになったので、この道は通りようがない。

▶ その会社は一年前から赤字になっていたので、もう救いようがない。

연습문제

Ⅰ. 次の文の(　　　)に入れるのに最もよいものを一つ選びなさい。

1. ラジオ英会話講座を聞き(　　　)、リスニング力を磨いた。

　1) ながら　2) っぱなし　3) っこない　4) 次第

2. スマホの登場で、デジタルカメラの人気がなくなり(　　　)。

　1) そうにもない　2) ぬく　3) っこない　4) つつある

3. こんなに元気ない選手ばかりでは、決勝戦で勝て(　　　)。

　1) っこない　2) つつある　3) ぬく　4) そうになった

4. 引っ越しした友だちの住所も電話番号も分からないので、連絡の取り(　　　)。

　1) っぱなし　2) ぬく　3) ようがない　4) そうになる

5. 様々な苦難にあい(　　　)、諦めないで最後まで頑張ってやりぬいた。

　1) わりには　2) ながらも　3) ばかりか　4) ことなく

Ⅱ. 次の文の＿★＿に入れる最もよいものを一つ選びなさい。

1. 帰りの電車がぎゅうぎゅう詰めで、＿＿ ＿★＿ ＿＿ ＿＿ 目的の駅で降りられた。

　1) しながら　2) 押されつ　3) やっと　4) 押しつ

2. 私はこんな所に ＿＿ ＿★＿ ＿＿ ＿＿ 帰りにまた忘れかねない。

　1) 方なので　2) 置いておくと　3) 忘れっぽい　4) 本を

3. 彼は君を ＿＿ ＿＿ ＿★＿ ＿＿ です。

　1) でき　2) 人　3) 幸福に　4) そうにない

4. テレビをつけ ＿＿ ＿★＿ ＿＿ ＿＿ しまったのを今気づいた。

　1) 出て　2) にして　3) 家を　4) っぱなし

5. 彼女の優勝は、＿＿ ＿＿ ＿＿ ＿★＿ 獲得したものだ。

　1) 勝ち　2) 末に　3) きびしいレースを　4) ぬいた

1.3 て형에 접속하는 표현

1.3.1 V-て

文型42

V-て+以来(いらい) ~하고 나서 오랫동안

「과거에 어떤 사건이 발생하고 나서, 계속해서 그 상태가 지속되는 경우

1 동사에 접속

- 離婚して以来、娘の様子がおかしくなった。
- 妹は日本に行って以来、戻ったことがない。
- 韓国に来て以来、辛いものが食べられるようになった。
- 子供のころ事故にあって以来、ずっと耳が聞こえない。

ポイント

단, 가까운 과거를 나타내는 경우에는 사용할 수 없음

(x) 夫は夕方帰ってきて以来、書斎に閉じこもったきりだ。

⇨ 夫は夕方帰ってきてから、書斎に閉じこもったきりだ。

2 명사에 접속

시점이나 사건을 나타내는 명사에 접속하여 그 시점에서 지금까지 지속되는 의미

- 先月の連絡以来、まったく電話がない。
- 本劇場で映画イベントが開かれるのは、劇場創設以来初めてのことである。

文型 43

V-て(は)+いられない ~하고(만) 있을 수 없다

- 1時間以上は待っていられないと怒っていました。
- 監督はあのチームにだけは負けていられないと言ってました。
- 月末まで締切りのレポートがあるので、のんびりしていられない。
- あの時は何か食べないと胃が痛くて立っていられない状況だった。

文型 44

V-て+からでないと ~하고 나서가 아니면 ~하지 않으면

어떤 사태가 실현되기 위해서는 반드시 충족시켜야 하는 조건을 나타냄

- 何事であれ練習してからでないと、上達はできない。
- もう少し調べてからでないと、その原因は分からない。
- 詳しく説明書を読んでからでないと、組立てはむずかしい。
- もう二、三年勉強してからでないと、会議での同時通訳は無理でしょう。

文型 45

V-て+からというもの(は) ~인 것을 계기로, ~라서 그런지, ~라고는 하지만

어떤 사건을 계기로 그 이전과 이후에 커다란 차이가 있는 경우에 사용

- お母さんがなくなってからというもの、お父さんは酒ばっかり飲んでいる。

▸ タバコをやめてからというもの、こんなに食欲が出るとは思わなかった。

▸ 娘が帰ってきてからというもの、年老いた父親は見違えるほど元気になった。

▸ 親元を離れて一人暮しをしてからというもの、ちゃんとした食事もしないでカップラーメンばかり食べている。

文型46 V-て+くれる ~해 주다

상대방이 나에게 어떤 동작・행위(이익・은혜)를 해 줄 때 사용하는 표현

1) 감사

화자가 부탁하지 않았는데도 상대가 스스로 어떤 행위를 해 주는 경우

▸ 友達が誕生日にケーキを作ってくれた。

▸ 私に貸してくれた本はもう全部読みました。

▸ お母さんがおいしそうな果物を買ってきてくれました。

▸ 職員さんがいろいろ話しかけてくれてとても楽しかった。

ポイント

「V-てくれる」를 사용하지 않고, 「~て」만을 사용하면 화자 이외의 사람을 위해 어떤 행위를 한 것이 되므로 주의

▸ おいしいナシを送って、ありがとう。(제 3자에게 보낸 경우)

▸ おいしい苺イチゴを送ってくれて、ありがとう。(화자 자신에게 보내준 경우)

2) 의뢰

화자를 위해서 뭔가를 하도록 의뢰하는 표현으로, 의문 형태로 사용. 남자는 「V-てくれないか」로, 정중한 표현은 「V-てくれませんか」등으로 사용

▶ 君、この仕事手伝ってくれないか?

▶ すみませんが、帰ってくる時アイスクリームを買ってきてくれませんか。

cf ~てあげる ~해 주다

타인을 위하여 어떠한 행위를 해 준다는 의미. 자신과 대등하거나 친한 사이에서만 사용

▶ 私はテレサちゃんに自転車を貸してあげた。

▶ 新入生を案内してあげる姿はとても立派だった。

▶ 普段は遠くから見守るだけにして、危ない時にだけ助けてあげましょう。

ポイント

상대방에게 직접적으로 사용하는 것은 부자연스럽다.

(x) 先生、かばんを持ってあげましょうか。

⇨ 先生、かばんをお持ちしましょうか。

cf ~てもらう

화자를 위해 상대방이 어떤 행위를 해 준 경우로서, 화자의 입장에서의 표현

▶ 私は日本の友だちにお好み焼きを作ってもらった。

▶ 中国語の手紙を塾の先生に翻訳してもらいました。

▶ 英語を教えてもらう代わりにスミスさんに日本語を教えてあげることにした。

文型 47
V-て+しまう

1) 완료 : ~이 끝나다, 다(완전히) ~하다

화자가 자신의 의지로 어떤 행위를 한 경우

▸ 来週までにはレポートを出してしまいましょう。

▸ この本は面白かったから一日で読んでしまった。

▸ すぐケーキを食べてしまうから、もう少し待っててください。

2) 유감, 후회 등 : ~해 버렸다(큰일이네, 어쩌지)

어떤 동작(행위)를 한 것에 대한 후회나 유감의 의미

▸ 大事なデータを誤って消してしまった。

▸ 賞味期限がすぎたのも知らずに食べて食中毒になってしまった。

▸ 昨日は勉強をしてから寝ようと思ったのに、いつの間にか寝てしまった。

cf V-てしまう는 구어체에서는 「~ちゃう」로 표현

▸ 電気が止まってしまいました。→ 電気が止まっちゃいました。

▸ レポートを忘れてきてしまった。→ レポートを忘れてきちゃった。

文型 48
V-て+しょうがない/仕方(しかた)がない
~해서 어쩔 수 없다, 너무~하다

어떤 상태를 피할 수 있는 수단이 없는 경우나, 어떤 이유나 원인으로 마음이나 몸

상태가 견디기 힘들 때 쓰는 표현

1 동사에 접속

▸ あなたのことが気になってしょうがない。

▸ 故郷へ帰りたいが、お金と時間がかかってしかたがないのでやめることにした。

2 그 외 접속

イ형용사

▸ 徹夜で勉強したので、今日は一日中眠くてしょうがなかった。

▸ やっと楽しみにしていた旅行の予約ができたので、嬉しくてしょうがない。

ナ형용사

▸ 将来のことを考えただけで、不安でしかたがない。

▸ 今日は全然仕事が入って来なくて、暇でしょうがない。

ポイント

사물의 속성이나 평가를 나타내는 경우는 부자연스러움
(x) 歌が下手でしかたがない。
⇨ 歌がとても下手だ。

文型 49
V-て+でも ~해서라도

행위를 실현하기 위한 화자의 강한 의지 결의를 나타냄

▸ 残業してでも今日中には仕上げましょう。

▸ そんなにおいしいなら並んででも食べてみたい。

▸ 食べる時間を減らしてでもこの試験は合格してみせる。

▸ 睡眠時間を削ってでもレポートは明日までには終わらせたい。

文型 50 V-て+ならない

~해서 견딜 수 없다, 너무나도 ~하다

마음속에서 저절로 솟아오르는 감정이나 감각을 스스로 컨트롤 할 수 없는 상태

1 동사에 접속

▸ 学生時代のことが思い出されてならない。

▸ JLPTの試験の結果が気になってならないです。

▸ 一人で住んでいる母親のことが気になってなりません。

2 그 외 접속

イ 형용사

▸ 小犬が死んでしまって悲しくてならなかった。

▸ 住み慣れた仙台を離れるのが辛くてならない。

ナ 형용사

▸ レベルが低下して残念でならない。

▸ 身長が遺伝するかどうかが心配でならないです。

ポイント

1. 사물의 속성이나 평가를 나타내는 경우 부자연스러움
   (x) この本はつまらなくてならない。
   ⇨ この本はすごくつまらない。
2. 감정, 감각, 욕구를 나타내는 경우 부자연스러움
   (x) 赤ちゃんが朝から泣いてならない。
   ⇨ 赤ちゃんが朝から泣いてしかたがない。

文型 51

V-て+はじめて ~하고 나서

「어떤 상태가 되어서 비로소」 알게 된 경우에 사용

- 彼女と別れてはじめて、彼女の良さを知った。
- 自分に子供が生まれてはじめて、親のありがたさが分かりました。
- 日本に来てみてはじめて、日韓の文化の違いについて気づいた。
- 自分でやってみてはじめて、そんなに簡単じゃないことが分かった。

文型 52

V-て+まで ~하면서까지

- 自分が嫌な思いをしてまで我慢する必要はない。
- あの車は欲しいけど、借金をしてまで買いたくはない。
- 彼のコンサートはお金を出してまで行きたいとは思わない。
- あの会社は税金を投入してまで救う価値のある企業なのか。

文型 53

V-て+みせる ~해 보이다

소개를 하거나, 이해를 돕기 위해 실제로 어떤 동작을 해 보일 때 사용

- ▸ 1ヶ月で3キロ痩せてみせます。
- ▸ よし、次の試験ではいい点を取ってみせる。
- ▸ この辛い状況を乗り越えてみせようじゃないか。
- ▸ 何年かかっても父の無実を証明してみせたい。

文型 54

V-て+やまない 너무나도 ~하다 / 너무 ~(을)를 바라다

감정동사에 접속하여 어떤 상태가 되도록 강하게 기원하거나 바라는 경우에 사용

- ▸ 私は彼女の成功を願ってやまない。
- ▸ 親は子供の将来を期待してやまないものだ。
- ▸ 卒業生の皆さんの幸せを祈ってやみません。
- ▸ 尊敬してやまない佐藤先生の講演会に行ってきた。

연습문제

Ⅰ. 次の文の(　　　)に入れるのに最もよいものを一つ選びなさい。

1. 子供を寝かせて(　　　)ゆっくりテレビも見られない。

   1) はじめて　2) 以来　3) からでないと　4) まで

2. 隣の部屋の人が毎日喧嘩していてうるさくて(　　　)。

   1) いられる　2) ならない　3) たまる　4) みせる

3. 去年、交通事故にあって(　　　)、彼女は運転してない。

   1) はじめて　2) からでないと　3) 以来　4) まで

4. 海外旅行中、現地の警官が私の財布を拾って(　　　)助かった覚えがある。

   1) あげて　2) やって　3) もらって　4) くれて

5. 彼と話してみて(　　　)噂とは違う人だということを知った。

   1) はじめて　2) 以来　3)からには　4) からでないと

Ⅱ. 次の文の＿★＿に入れる最もよいものを一つ選びなさい。

1. 今は大変な ＿＿＿ ＿★＿ ＿＿＿ ＿＿＿ ために頑張りたい。

   1) よい会社に　2) 生活をして　3) 入る　4) でも

2. 多くの困難にも負けず、頑張っている彼はすばらしい。＿＿＿ ＿＿＿ ＿★＿ ＿＿＿ 。

   1) 願って　2) やまない　3) 私は　4) 彼の成功を

3. 朝早くから運動を ＿＿＿ ＿＿＿ 、＿＿＿ ＿★＿ 歩けない。

   1) すっかり　2) 疲れてしまって　3) していた　4) ので

4. お客様がそろそろお着きに＿＿＿、＿＿＿ ＿＿＿ ＿★＿。

   1) いられない　2) なるので　3) 飲んでは　4) のんびりお茶など

5. 今は売れない ＿＿＿ ＿＿＿ ＿＿＿ ＿★＿。

   1) みせる　2) 売って　3) 物だが　4) いつか絶対に

1.3.2 V-ては

文型 55

V-ては+ならない ~해서는 안 된다

금지표현으로, 주로 주의, 교훈을 나타낼 때 사용.

- ▸ 未成年者はお酒を飲んではならない。
- ▸ もう二度と戦争など起こしてはなりません。
- ▸ 断食期間が終わるまでは食べてはならない。
- ▸ 決して嘘をついてはならないという教えを破ってしまった。

文型 56

V-ては+いけない ~해서는 안 된다

금지표현으로, 주로 부모, 교사, 직장의 상사 등 감독적인 입장에 있는 사람이 아랫사람에게 사용

- ▸ 教室の中では走ってはいけません。
- ▸ ここではタバコを吸ってはいけないよ。
- ▸ 同じことを何度も言わせてはいけない。
- ▸ 先生が「始め」と言うまで問題用紙を開けてはいけません。

1.3.3 V-ても

文型 57

V-ても+かまわない ~하더라도 상관없다

상대에게 허가해주거나 허가를 요구하는 경우에 사용

▸ 連絡が取れるなら、どこにいてもかまわないよ。

▸ 明日は休みだからゆっくり寝てもかまいませんか。

▸ 毎日同じものばかり食べてもかまわないが、すぐ飽きてしまうでしょう。

▸ 費用はいくらかかってもかまわないから何でも好きなものを選びなさい。

文型 58

V-ても+差し支えない(さしつかえない) ~하더라도 지장 없다

1 동사에 접속

▸ ここなら食事をしても差し支えない。

▸ 少しのお酒なら飲んでも差し支えないと思う。

▸ 外国人の場合、押印は省略しても差し支えありません。

▸ 軽い仕事ならやっても差し支えないと医師に言われました。

2 그 외 접속

명사

▸ 途中参加でも差し支えない。

▸ 新しい車がほしいけど、中古でも差し支えない。

イ 형용사

▸ 少々辛くても差し支えないが、しょっぱいのはだめです。

▸ 昼間はうるさくても差し支えないが、夜は静かにしてください。

연습문제

Ⅰ. 次の文の(　　　)に入れるのに最もよいものを一つ選びなさい。

1. 音声を聞きながらこの問題用紙にメモをとっても(　　　)。

   1) やまない　　2) かまわない　　3) ならない　　4) ようがない

2. 会議中、タバコを吸っては(　　　)ことになっている。

   1) さしつかえない　　2) いられない　　3) しょうがない　　4) いけない

3. 国会は国民全体の利益を考えるべきだ。自分の政党の利益のために法律を変えることがあっては(　　　)。

   1) かまわない　　2) いられない　　3) ならない　　4) さしつかえない

4. 手術後の経過が順調だったら、少しずつ散歩に出ても(　　　)。

   1) さしつかえない　　2) いられない　　3) ならない　　4) やまない

5. 体の調子が悪いなら、早めに帰っても(　　　)。

   1) やみません　　2) かまいません　　3) いけません　　4) やまない

Ⅱ. 次の文の＿★＿に入れる最もよいものを一つ選びなさい。

1. 軽い ＿＿＿ ＿＿＿ ＿＿＿ ＿★＿ と医師に言われました。

   1) やっても　　2) なら　　3) 運動　　4) さしつかえない

2. この悲惨な ＿＿＿ ＿＿＿ ＿＿＿ ＿★＿。

   1) 忘れては　　2) 体験を　　3) ならない　　4) 決して

3. この研究室には、＿＿＿ ＿★＿ ＿＿＿ ＿＿＿ なっている。

   1) 入っては　　2) 関係者以外　　3) ことに　　4) いけない

4. バスで行っても ＿＿＿ ＿★＿、＿＿＿ ＿＿＿ ので乗せてもらった。

   1) 車で送って　　2) のだが　　3) くれるという　　4) かまわなかった

5. 医者に言われた ＿＿＿、＿＿＿ ＿★＿ ＿＿＿ 。

   1) 酒を　　2) ならない　　3) 飲んでは　　4) ように

1.4 た형에 접속하는 표현

文型59

V-た+あげく ~했는데도, ~하고 나서도

전항의 사태가 오랫동안 지속된 후에, 바람직하지 않은 결과로 이어진 것에 대한 유감스런 기분을 나타냄

- ▶ こき使われたあげく、首になった。
- ▶ 考え込んだあげく、会社をやめることにしました。
- ▶ 何を買うかさんざん悩んだあげく、何も買わなかった。
- ▶ 道に迷ったあげく、結局約束の場所に行けなかった。

文型60

V-た+以上(いじょう)(は) ~한 이상(은)

1) V-た에 접속

- ▶ 言い出した以上は、責任をとらなければならない。
- ▶ JLPTに申し込んだ以上、しっかり勉強して合格したい。
- ▶ いったん仕事を引き受けた以上は途中で止めることはできない。
- ▶ 留学した以上は勉強だけでなくこの国の文化にも接してみたいと思う。

2) V-る에 접속

- ▶ 国の代表としてオリンピックに出場する以上、期待に応えられるよう頑張ります。

▸ バイトだろうが何だろうが金をもらってる以上プロとしての誇りをもって働きなさい。

文型 61

V-た+うえで ~하고 나서

1 동사에 접속

1) V-た

▸ 了承を得たうえで、店を開いた。

▸ 十分な議論をしたうえでの決定です。

▸ みんなの意見を聞いたうえで判断した。

▸ もう一度診断をしたうえで、手術の日時を決めることにしよう。

2) V-る ～하는데 있어서

▸ スポーツをはじめるうえで、必要なものはたくさんある。

▸ 勉強するうえで最も大切なのは基礎をしっかりやっておくことです。

▸ 健康を維持するうえで一番大変なのは毎日運動を続けることだ。

2 명사에 접속

▸ 主人と相談のうえで、ご連絡いたします。

▸ 日付をご確認のうえで、サインをお願いいたします。

文型 62 V-た+うえに ~한데다가

전항에서 제시한 사항에다가 후항의 사항을 더하는 표현

1 동사에 접속

▸ ごちそうになったうえにお土産までもらってきた。

▸ 今朝は道に迷ったうえに雨に降られて大変だった。

2 그 외 접속

명사

▸ 今日は晴天のうえに風もない。

▸ 彼女は美人のうえに性格もよくて皆から愛されている。

イ 형용사

▸ わが社は手数料も安いうえにご自宅までお届けできます

▸ 部長は話が長いうえに要点もはっきりしないので、聞いているとかなり疲れる。

ナ 형용사

▸ 手続きは面倒なうえに時間もかかった。

▸ 昨日友人にもらった花束はきれいなうえに香りもすごくいい。

文型 63 V-た+おかげで ~덕분에

1 동사에 접속

- 日本語を習ったおかげでいい仕事が見つかりました。
- 夜遅くまで勉強したおかげでテストの点数が上がった。
- 友だちが電話をしてくれたおかげで遅刻しないで済んだ。
- 君が励ましてくれたおかげで国の代表として選ばれました。

2 그 외 접속

명사

- ドラマのおかげで自然な日本語が話せるようになりました。
- 先生のご指導のおかげでとうとう卒業できました。ありがとうございます。

イ형용사

- 家族4人で楽しく暮せるのは父の給料が高いおかげです。
- いつも新鮮な魚が食べられるのは、海から近いおかげだ。

ナ형용사

- 毎日元気に働くことができるのは体が丈夫なおかげです。
- この店は静かなおかげでレポートを書きにくる学生が増えてきた。

文型 64

V-た+が最後(さいご) ~한 이상(은), ~한 나머지

「어떤 사태가 발생한 것을 끝으로」 라는 의미. 후항에는 그로 인해 발생하는 상황을 나타내는 표현이 이어짐

- ▸ 愚痴をこぼしたが最後、今までの苦労が水の泡になるかも。
- ▸ ここで諦めたが最後、二度とチャンスは回ってこないだろう。
- ▸ 今度の仕事は少しでもミスをしたが最後、取り返しがつかなくなる。
- ▸ この話を誰かに言ったが最後、あなたは誰からも信じてもらえないだろう。

文型 65

V-た+かと思(おも)うと ~하자 곧, ~인가 했더니 곧

- ▸ 彼は怒ったかと思うと急に笑い出した。
- ▸ 静かに勉強していたかと思うともう寝ていた。
- ▸ 部屋に入ったかと思うと何も言わず出ていった。
- ▸ 息子は勉強を始めたかと思うともうゲームを始めていた。

文型 66

V-た+かのようだ 마치~인 것 같다

- ▸ まるで怖い夢を見たかのようだ。

▶ まるで何事もなかったかのようです。
▶ 彼はまるで徹夜をしたかのような顔をしていました。
▶ 彼女はいかにも合格したかのように傲慢な態度をとっていた。

文型 67
V-た+からには ~한 이상에는

후항에는 화자의 권유・명령・의지와 같은 표현이 옴

1) V−た

▶ 約束したからには守らなければならない。
▶ 何事も始めたからには最後までやり遂げなければならない。
▶ 北海道に来たからにはカニやイクラなど海の幸を食べたい。
▶ タバコを止めようと思ったからには少なくとも一週間は我慢してみよう。

2) V−る

▶ 宿題をやるからにはしっかりやりなさい。
▶ 結婚するからには幸せな家庭を作っていきたい。
▶ 大学に行くからには毎日真面目に勉強するつもりだ。

文型 68
V-た+きり ~한 후로는

어떤 동작을 실행한 후에 더 이상 그 동작이 이루어지지 않았음을 의미함

▶ 朝食べたきり、何も食べていない。
▶ あの人とは授業で一度会ったきりだ。

▶ 昨年一度訪ねてきたきり、全く連絡がない。

▶ 兄は出かけたきり、三日も帰ってこなかった。

文型 69

V-た+くせに ~인 주제에, ~이면서도

1 동사에 접속

1) V-た

▶ 誤ったくせに謝らない。

▶ 自分で言ったくせにやろうとしないなんて信じられない。

2) V-る

▶ 父はいつも負けるくせに挑戦を続けている。

▶ 答えを知ってるくせに質問に答えなかった。恐らく緊張していたからであろう。

2 그 외 접속

명사

▶ 子供のくせに口を出すな。

▶ 今度入社した人は新人のくせにろくに挨拶もしない。

イ형용사

▶ 歯が痛いくせに歯医者さんに行こうとしないんだよね。

▶ 胃が弱いくせに飲み会があると必ずベロベロになるまで飲む。

ナ형용사

▶ 彼女は元気なくせに病気のふりをしている。

▶ 彼は彼女のことが好きなくせにそれを彼女に言わない。

ポイント

전항과 후항의 주어가 다른 경우는 부자연스럽다.

(x) 犬は散歩に行きたがっているくせに、彼はつれて行ってやらなかった。

⇨ 犬は散歩に行きたがっているのに、彼はつれて行ってやらなかった。

연습문제

Ⅰ. 次の文の(　　　)に入れるのに最もよいものを一つ選びなさい。

1. 彼はさんざん悩んだ(　　　)卒業後は帰国することにした。

1) 以上は　　2) うえは　　3) うちに　　4) あげく

2. 若い大学生の(　　　)元気がない。

1) せい　　2) にしては　　3) くせに　　4) きり

3. 息子は友だちに会うために出かけた(　　　)すぐ忘れ物を取りに帰ってきた。

1) からといって　　2) かのようだ　　3) おかげで　　4) かと思うと

4. アパートは部屋の中を見た(　　　)借りるかどうかを決めるのがいいです。

1) あげく　　2) うえで　　3) 以上は　　4) とたん(に)

5. 彼は卒業して韓国を出ていった(　　　)、もう10年も帰ってこない。

1) きり　　2) せいか　　3) ばかりに　　4) とたん(に)

Ⅱ. 次の文の＿★＿に入れる最もよいものを一つ選びなさい。

1. 契約書に ＿＿＿ ＿★＿、＿＿＿ ＿＿＿ 。

1) サインをした　　2) のは難しい　　3) が最後　　4) キャンセルする

2. 私はお酒を ＿＿＿ ＿＿＿ ＿★＿ ＿＿＿ 飲んでいませんよ。

1) 全然　　2) 1年前に　　3) きり　　4) 飲んだ

3. 今日は道に ＿＿＿ ＿★＿ ＿＿＿ ＿＿＿。

1) うえに　　2) 降られた　　3) 迷った　　4) 雨にまで

4. 先生に ＿＿＿ ＿★＿ ＿＿＿ ＿＿＿ 書けました。

1) いい論文が　　2) 直して　　3) おかげで　　4) もらった

5. 今月はもうお金を ＿＿＿ ＿＿＿ ＿★＿ ＿＿＿ ください。

1) 使わないと　　2) 守って　　3) 以上は　　4) 決めた

文型 70

V-た+末(すえ)に ~한 끝에

「어떤 동작의 마지막에」 라는 의미로서, 문어체적인 표현

1 동사에 접속

- 苦労した末につかんだ幸せです。
- 悩んだ末に専攻を国文学に変えることにした。
- 留学は私が2年間よく考えた末に決めたことです。
- 私なりにいろいろ考えた末に会社を辞めることにした。

2 명사에 접속

- 接戦の末に、彼女が国会議員選挙で当選した。
- 長年の修行の末に、彼はこの分野の職人になった。

文型 71

V-た+せいか/せいで ~탓인가, ~탓으로

「명확하지는 않지만 화자 스스로 원인을 붙여 판단하는 경우」 에 사용하며, 마이너스적인 의미에 주로 사용

1 동사에 접속

1) V−た

- 目覚まし時計が鳴らなかったせいで寝坊した。
- 新入りが遅刻したせいで、会議が30分も遅れた。

▶ 風邪を引いたせいか、一日中ずっと頭がふらふらしてた。

2) V−る

▶ 今朝から雪が降っているせいか、なかなかバスが来ない。

▶ 道が混んでいるせいか、彼は1時間過ぎても現れなかった。

▶ 同僚に無視されているせいか、毎日お酒を飲んでいるらしい。

2 그 외 접속

명사

▶ 台風のせいで旅行がキャンセルされた。

▶ 気のせいか、ドアの外に誰かいるような気がします。

▶ このところ運動不足のせいか、体重が10キロも増えてしまいました。

イ 형용사

▶ 自分が小さいせいか、背の高い人が好きです。

▶ あの店は汚いせいか、安いのにあまり客が来なくなった。

▶ 今日は寒いせいか、テニスのレッスンに誰も来なかった。

ナ 형용사

▶ 几帳面なせいか、部屋が散らかっているといつも怒る。

▶ 私は数学が苦手なせいでなかなか点数が上がらない。

▶ この辺りは駅から遠いから不便なせいか、家賃が安い。

文型 72

V-た+そばから ~하자마자 / ~하고 돌아서면

지금까지 동일한 동작이 연속적, 반복적으로 발생했을 때 사용

1) V-た

▸ この人は見たそばから忘れてしまう。

▸ ブロックを積んだそばから子供は壊していく。

▸ ダイエットすると言ったそばから、おやつを食べている。

2) V-る

▸ 文型は難しくて教わるそばから忘れてしまうので大変だ。

▸ うちの子は、私が掃除するそばから部屋を散らかすので大変ですよ。

▸ 娘は天ぷらを揚げるそばから食べてしまうので、いくら揚げても追い付かない。

文型 73

V-た+だけあって ~해서 그런지(역시)

후항의 근거 이유가 전항 때문이라고 납득한 경우

1 동사에 접속

▸ アルバイトを3年以上していただけあって、仕事が速い。

▸ 彼は日本に留学していただけあって、日本の文化についても詳しい。

▸ 夏休みの間毎日ギターの練習をしていただけあって、本当に上手になった。

2 명사에 접속

▶ 先生だけあって、頭がいい。

▶ さすがミスコリアだけあって、きれいですね。

▶ 時間をかけた作品だけあって、さすがに見事なものだ。

文型 74

V-た+ついでに ~한 김에

1 동사에 접속

1) V-た

▶ 出かけたついでに、コンビニに寄ってほしい。

▶ 浅草に行ったついでに、スカイツリーも見てきた。

▶ 仕事で町に行ったついでに、買い物もしてきた。

▶ 美容院で髪を切ったついでに、パーマもかけてもらった。

2) V-る

▶ 実家に帰るついでに、近くを旅行しよう。

▶ ご飯を炊くついでに、おかずまで準備した。

▶ 部屋の掃除をするついでに、ベッドの位置も変えようかな。

2 명사(동작성 명사)에 접속

▶ 買い物のついでに、映画でも見ましょうか。

▶ 研修旅行のついでに、大阪にいる先輩に会ってきた。

▶ 散歩のついでに、スーパーに寄って牛乳も買って来よう。

文型 75

V-た+通り(とおり) ~대로

「言う」「思う」「予想する」등과 같은 발언이나 사고를 나타내는 동사에 접속

1 동사에 접속

1) V-た

▶ あなたのおっしゃった通りでした。

▶ 予想した通りのいい結果が出た。

▶ 彼に言われた通り、道はひどい渋滞だった。

▶ ガイドブックに書いてあった通り、市内のあちこちでお祭りがありました。

2) V-る

▶ 私の言う通りに繰り返して言ってみてください。

▶ 受験票にはパスポートに書いてある通り記載されます。

▶ ものごとは自分で考えている通りにはなかなか進まない場合が多い。

2 명사에 접속

▶ 天気予報の通り一日中雪だった。

▶ 説明の通りにやってもうまくいかなかった。

文型 76

V-た+とたん(に) ~하자마자

▶ 今朝、家を出たとたん、雨が降り出した。

▶ とても疲れていたのでベッドに入ったとたん、眠ってしまった。

▸ 彼は結婚したとたん、友だちと飲みに行かなくなった。

▸ ドアを開けたとたんに、ハチが入ってきてびっくりしてしまいました。

ポイント

뒤에 발생하는 동작이나 변화에 대해 화자가 전혀 예상하지 못한 경우에 사용하는 표현이므로, 화자의 의지적인 동작을 나타내는 표현은 올 수가 없다.

(x) 私は家に帰ったとたん、お風呂に入った。

⇨ 私は家に帰るとすぐにお風呂に入った。

文型 77 V-た+ばかりだ 막 ~했다

동작을 완료하고 나서, 시간이 그다지 지나지 않은 것을 나타냄

1) V-た

▸ 赤ちゃんが生れたばかりで色々なことが心配です。

▸ 先月パソコンを買ったばかりなのに、もう故障しました。

▸ 引っ越したばかりなので、近所の情報がまったくありません。

▸ 料理教室に通いはじめたばかりの頃はあまり料理が出来なかった。

2) V-る ~하기만 하면 된다, ~할 뿐이다

① 한쪽 방향으로만 변화

「나쁜 방향으로만 계속해서 변화하는 것」을 나타내고 「V-る一方だ」로 교체 가능

▸ 老後のことを考えると、不安は募るばかりです。

▸ ストレスが原因とみられる心の病気は、ますます深刻化するばかりだ。

② 준비 완료

준비가 완료되어 언제라도 다음 행동으로 옮길 수 있는 상태가 되어 있다는 것을 말할 때 사용

▸ 試験も終わったし、卒論も出したし、後は卒業式を楽しむばかりだ。

▸ 稲刈りするばかりになっていたのに、台風に襲われ、かなりの被害を受けた。

cf N＋ばかり　~뿐, ~만

같은 물건이 많거나 행위가 반복됨을 의미

▸ 最近は甘いものばかり食べている。

▸ あの人はいつも嘘ばかり言ってるから、全然信用できない。

cf 수사＋ばかり　~정도

▸ リンゴ三つばかり下さい。

▸ まだ半分ばかり残っています。

cf ばかりか　~뿐만 아니라, ~게다가

「ばかりか」는 전항에 제시된 상황보다 후항에 제시된 상황이 정도가 심함.

▸ 財布を盗まれたばかりか、事故にも遭った。

▸ 息子は勉強しないばかりか、学校にも行かない。

cf V−た＋ばかりに　~했을 뿐인데

▸ 彼女の言葉を信じたばかりに酷い目にあった。

▸ つまらぬ冗談を言ったばかりに別れようと言われてしまった。

연습문제

Ⅰ. 次の文の(　　　)に入れるのに最もよいものを一つ選びなさい。

1. 母は駅まで客を送った(　　　)病院に寄ってきた。

1) そばから　2) ついでに　3) とたんに　4) にしては

2. あのチームの優勝は、厳しい訓練を勝ちぬいた(　　　)獲得したものだ。

1) すえに　2) とたんに　3) あげくに　4) とおりに

3. 明日は行かないと言った(　　　)、彼女に怒られてしまった。

1) ばかりだ　2) ばかりに　3) ばかりので　4) ばかりか

4. 犯人は警官の姿を見た(　　　)逃げ出した。

1) 通り　2) にしては　3) ばかりで　4) とたん

5. 毎晩、夜遅くラーメンを食べていた(　　　)、太ってしまった。

1) そばから　2) せいか　3) ばかりで　4) ばかりに

Ⅱ. 次の文の＿★＿に入れる最もよいものを一つ選びなさい。

1. 息子は ＿＿＿ ＿＿＿ ＿＿＿ ＿★＿ しまう。

1) そばから　2) もらった　3) 使って　4) こづかいを

2. 大学時代に ＿＿＿ ＿★＿ ＿＿＿ ＿＿＿ 上手だ。

1) さすが今でも　2) やっていた　3) テニスが　4) だけあって

3. 今、慶州で地震が ＿＿＿ ＿＿＿ ＿＿＿ ＿★＿ です。

1) ニュースを　2) ばかり　3) あったという　4) 聞いた

4. 年を ＿＿＿ ＿★＿、＿＿＿ ＿＿＿ しまいます。

1) すぐ　2) 忘れて　3) とった　4) せいか

5. スピード違反で捕まって、 ＿＿＿ ＿＿＿ ＿★＿ ＿＿＿ 罰金を払った。

1) とおり　2) 警察官に　3) 言われた　4) 銀行で

1.5 ない형에 접속하는 표현

文型 78

V-ない+限り（かぎり） ~하지 않는 한

후항에는 전항이 성립하지 않았을 때의 화자의 판단이나 의지표현이 옴

▸ 彼は疲れていない限り、夜遅くまで働きます。

▸ 土下座でもして謝らない限り、決して彼を許さない。

▸ 悪い習慣は直そうと決心しない限り、絶対直らないだろう。

▸ 女性の視点から発想しない限り、合意できないと思ってください。

cf V-る+限り ~하는 한, ~동안은

▸ 静かにしている限り、ここにいても構わない。

▸ 戦争が続く限り、人類の悲劇は終わらないだろう。

▸ 生きている限り、先生から受けた恩を忘れることはないでしょう。

cf ~限りだ ~할 따름이다, 너무~하다

「羨ましい」「悔しい」등과 같은 감정과 나타내는 형용사와 접속하여 감정의 극치를 나타냄

▸ あんな奴に負けたなんて、悔しい限りだ。

▸ 世界あちこちを旅行するなんて、羨ましい限りです。

文型 79

V-ない+とも限(かぎ)らない

~않다고 단언할 수 없다, ~일 수도 있다

가능성이 낮다고 판단되는 상황에서, 굳이 가능성이 있는 것처럼 말할 때 사용

- 必ずしも助からないとも限らない。
- そんな提案をしたら、社長の怒りを買わないとも限らない。
- 練習では完璧であっても、本番で失敗しないとも限らない。
- 将来海外に転勤しないとも限らないから、英語の勉強をしておこう。

文型 80

V-ない+までも ~하지 않는다고 하더라도

- 損はしないまでも、利益もほとんどない。
- この占いは確実だとは言わないまでも、よく当たる。
- 見舞いには来ないまでも、電話ぐらいはしてほしい。
- 毎年とは言わないまでも、たまには海外旅行に行きたい。

文型 81

V+ずじまいだった ~하지 않은 채로 끝나다 ~한 상황이 아니었다

동사의 ない형에 접속. 「V+ずじまいに終わった」로도 사용됨

- 朝から忙しくて、お昼は食べずじまいだった。

▶ 図書館で本を借りてきたが、時間がなくて読まずじまいで先週返した。
▶ 社長に文句を言おうと思ったが、結局言わずじまいに終わってしまった。

文型 82 V+ずにはおかない ~하지 않을 수가 없다

1) 강한 의지 : 반드시~하다

동작성 동사에 접속해서「～ないということは許されない」라는 강한 기분과「必ず～する · させる」라는 의지를 나타냄

▶ 敵に攻撃されたら、軍隊は反撃せずにはおかないよね。
▶ 車の事故をみたら、警察に通報せずにはおかないだろう。

2) 자연발생 : 자연히~해버리다

화자의 의지와는 상관없이 심리나 감정동사에 주로 접속해서「自然に～してしまう」라는 의미를 나타낸다.

▶ この映画は見る人を感動させずにはおかない作品だ。
▶ 明日の新聞に載る記事は多くの人を驚かせずにはおかないだろう。

文型 83 V+ずにはすまない ~하지 않으면 안 된다 ~하지 않으면 안될거야

도덕적인 상식 등을 고려해서 미안한 감정을 표현한 경우로서,「～ない状況は断じて許可されない、必ず～する状況になるべきだ」라는 기분을 나타냄

- 学校の規則を破った私は反省文を書かずにはすまないだろう。
- この件は私が悪かったのだから謝らずにはすまないだろうと思う。
- 会社に莫大な損害を与えたから辞表を出さずにはすまないよね。
- 1週間も待ってもらったのだから今日こそはっきり返事をせずにはすまないだろう。

文型 84
V+ざるをえない ~ 하지 않을 수 없다

다른 방법이 없어서 어쩔 수 없이 어떤 행동을 해야 할 때 사용한다. 단, する의 활용은「せざる」라는 점에 유의

- あなたの言い方は失礼だったと言わざるをえない。
- 条件は悪いが彼の提案には賛成せざるをえない。
- 証拠があるなら私が間違っていたと認めざるをえない。
- 会議では彼女の意見を受け入れざるをえない雰囲気だった。

文型 85
V+んがために ~하기 위하여

어떤 사항의 동작, 행위의 목적을 나타낸다.「〜するために」로 바꿀 수 있음

- 事実を明らかにせんがため、あらゆる手を尽くす。
- 大学に進学せんがために毎日必死で頑張った。
- 社長にならんがためにいろいろな裏工作をしている。
- あの人は成功せんがためにずいぶんひどいことをやってきた。

文型 86
V+んばかり 당장이라도 ~ 할 듯이

전항의 사항이 금방이라도 이루어질 것 같은 상황을 나타냄

▸ この家は古くて今にも倒れんばかりだ。

▸ 彼は幸せのあまり泣かんばかりの様子でお祈りをしていた。

▸ 行きたかった大学に合格した息子は飛び上がらんばかりに喜んでいた。

▸ 姉の赤ちゃんはまだ言葉はできないが、「また来てね！」と言わんばかりに手を振っていた。

연습문제

Ⅰ. 次の文の(　　　)に入れるのに最もよいものを一つ選びなさい。

1. 彼は頑固だからよほどのことが(　　　)、自分の説を変えることはないだろう。

　1) ないように　　2　ないまでも　　3) ない限り　　4) ないとも限らない

2. 台風でテニス大会を延期せ(　　　)だろう。

　1) ざるをえない　　2) ずにはおけない　　3) ずにすむ　　4) ずじまいだった

3. せっかく買ったダウンコートも、今年は暖かくて、結局(　　　)。

　1) 着ずじまいだった　　2) 着ざるを得なかった
　3) 着ねばならなかった　　4) 着ずには済まなかった

4. 韓国だからといって大地震が起こらない(　　　)から、普段から避難要領について熟知しておいた方がいい。

　1) 限り　　2) までも　　3) にはすまない　　4) とも限らない

5. ニュースで伝えられた悲惨な光景を見て、胸が張り裂け(　　　)気持ちだった。

　1) ないまで　　2) んばかりの　　3) ない限り　　4) んがための

Ⅱ. 次の文の＿★＿に入れる最もよいものを一つ選びなさい。

1. その懇親会にみんな出席する ＿＿ ＿＿ ＿＿ ＿★＿ よね。

　1) 行か　　2) わたしも　　3) のなら　　4) ずにはすまない

2. 入社試験に合格せ ＿★＿、＿＿ ＿＿ ＿＿ きました。

　1) んがため　　2) 一生懸命　　3) この一年間　　4) 勉強して

3. 昨日の演奏は＿＿ ＿＿ ＿＿ ＿★＿、かなりよかったと思う。

　1) 出来とは　　2) までも　　3) 最高の　　4) 言えない

4. 有名な観光地の近くまで行った ＿＿ ＿＿ ＿＿ ＿★＿。

　1) ずじまいだった　　2) のに　　3) 忙しくてどこへも　　4) 寄ら

5. 嘘ばかり ＿＿ ＿＿ ＿＿ ＿★＿ だろう。

　1) 追い出さ　　2) ついているから　　3) 彼を会社から　　4) ずにはおかない

1.6 의지형에 접속하는 표현

文型 87
V+ようではないか (같이)~해 보지 않겠니? ~하자

함께 뭔가를 하자고 제안하거나, 자신의 의지를 강하게 표명할 때 사용

▸ 諦めないで挑戦しようじゃないか。

▸ 冬休みは三人で旅行でも行こうじゃないか。

▸ とにかく最後まで頑張ってみようではないか。

▸ もう一時間も待っていたから、電話でもかけてみようじゃないか。

文型 88
V+ようとする ~하려고 하다

▸ 漢字はいくら覚えようとしてもすぐ忘れてしまう。

▸ 君は僕が何かやろうとすると、いつも水を差すね。

▸ お風呂に入ろうとしていたところに、電話のベルが鳴った。

cf ～ようと(も)しない ～하려고 하지 않는다

「も」가 들어간 표현은 부정을 강조하는 표현임

▸ 何回起こしても起きようとしない。

▸ うちの息子は夢を諦めようとしない。

▶ 妹は何度言っても塾に行こうとしない。

▶ 彼は飲酒の習慣を改めようともしない。

文型 89

V+ようと~まいと/ようが~まいが ~하든지 ~하지 않든지

전항이 성립하든지 하지 않든지 후항은 성립한다는 의미

▶ 君が賛成しようとしまいと変わりはない。

▶ あの人が休もうと休むまいと、私には関係ないことだ。

▶ あなたが気に入ろうが入るまいが、私は最後までやるつもりだ。

▶ 彼が私の意見に同意しようとしまいと私はその仕事を続けるつもりだ。

文型 90

V+ようにも ~하려고 해도

화자가 어떤 행위를 하려고 해도 뜻대로 되지 않음을 나타내는 의미

▶ 宿題をしようにも目が痛くて今日は無理だ。

▶ 外に出かけようにも雨がひどくて今はだめだ。

▶ 何かを食べようにも冷蔵庫の中に何もなかった。

▶ お金がなくて新しいパソコンを買おうにも買えない。

연습문제

Ⅰ. 次の文の(　　　)に入れるのに最もよいものを一つ選びなさい。

1. 家にばかりいないで散歩でも(　　　)。

   1) 行こうにも　2) 行こうとしない　3) 行こうじゃないか　4) 行こうと行くまいと

2. 彼は新製品開発のための研究を(　　　)。

   1) 諦めようとしない　2) 諦めようにもできた
   3) 諦めようじゃないか　4) 諦めようと諦めるまいとする

3. 親が反対(　　　)、私の考えは変わらない。

   1) しようじゃないか　2) しようともしない　3) しようとしまいと　4) しようとした

4. バスに(　　　)が、混んでいて乗れなかった。

   1) 乗ろうじゃないか　2) 乗ろうとした　3) 乗ろうと乗るまいと　4) 行こうとしない

5. 課題も提出していなければ出席率も低い。これではよい点数を(　　　)取れない。

   1) 取ろうとする　2) 取ろうにも　3) 取ろうと取るまいと　4) 取ろうじゃないか

Ⅱ. 次の文の ＿★＿ に入れる最もよいものを一つ選びなさい。

1. この問題 ＿＿＿ ＿＿＿ ＿★＿ ＿＿＿ 。

   1) 徹底的に　2) 話し合おう　3) について　4) じゃないか

2. あの教授は学生が ＿＿＿ ＿＿＿ ＿★＿ ＿＿＿ 授業を進めていく。

   1) 分かる　2) かまわず　3) 分かろうと　4) まいと

3. 家にばかりいないで＿＿＿ ＿＿＿ ＿＿＿ ＿★＿ 。

   1) に　2) 行こうじゃないか　3) でも　4) 本屋

4. 旅行に ＿★＿ ＿＿＿ ＿＿＿ ＿＿＿。

   1) 悪いから　2) 体の調子が　3) 行こうにも　4) できない

5. 両親の ＿＿＿ ＿★＿ ＿＿＿ ＿＿＿ 。

   1) 就職しようと　2) している人も　3) いるかも知れません　4) コネを使って

1.7 사역형에 접속하는 표현

文型 91

V+させる ~하게 하다, 하게 시키다

1) 강제

상대방의 의지와는 상관없이 억지로 어떤 동작을 하도록 시키는 경우

- 人にお酒を無理に飲ませてはいけません。
- 母は降りたがらない子供をベッドから降りさせた。

2) 허용

상대가 희망, 요청하는 것에 대해 허락하는 경우

- 先生は喉が渇いたと言われて、学生にジュースを飲ませた。
- 子供が家に帰りたいとさっきから言っていたので、先生は子供に帰らせた。

3) 방임

상대방이 어떤 동작을 이미 시작했거나 시작하려는 것을 못 본체하고 그대로 방치한 경우

- 監督は選手たちを泣きたいだけ泣かせておいた。
- 母は子供が公園で遊んでいたので、そのまま遊ばせた。

4) 유발

상대방(동작주체)이 어떤 동작을 하도록 원인(주어, 사역주체)을 제공한 경우

- 彼女の言い方は周りの人をいらいらさせる。

▶ 彼とのケンカが彼女をアメリカへ行かせる原因となった。

5) 부주의

사태의 성립에 대해 주어인 사역주체가 스스로 책임을 느끼는 경우

▶ 昨夜一人息子を事故で怪我させてしまった。

▶ トイレに行ったのが犯人を逃げさせる結果になった。

文型 92

V+させてもらう ~하다

허가, 방임 등과 같은 「은혜」의 의미로 「させてもらう / させていただく」는 「する」의 정중한 표현

▶ 絵を見させていただいてもよろしいでしょうか。

▶ 私に言わせてもらうと、彼女はわがままですよ。

▶ ご注文の品をすぐにお届けさせていただきます。

▶ 雨が降っていたのでしばらくいさせてもらいました。

ポイント

▶ 私は病院へ行った。 내가 병원에 갔다는 결과만을 나타낸다.

▶ 私は病院へ行かせてもらった。

「내」가 병원에 간 것은 제 3자의 허락이나 양해가 있는 경우이거나, 마치 허락이나 양해를 해 준 것 같은 인상을 상대방에게 준다.

文型 93

V+させない ~하게 하지 않다

- 未成年には絶対にお酒を飲ませない店です。
- 子供は一時間以上ゲームをさせないほうがいい。
- 社員に自ら結論をださせないと責任を持たなくなる。
- 自分の子供だけ塾に行かせないと仲間外れになるんじゃないかと心配です。

연습문제

Ⅰ. 次の文の(　　　)に入れるのに最もよいものを一つ選びなさい。

1. お借りしたエッセイを楽しく(　　　)もらいました。

   1) 読んで　　2) 読まれて　　3) 読まされて　　4) 読ませて

2. 玄関のところに私のかさを(　　　)いいですか

   1) 置かせられても　　2) 置いていただいても
   3) 置かせていただいても　　4) 置かされても

3. ウイルスを感染(　　　)ための感染予防の意識と行動を実践しましょう。

   1) させない　　2) させられない　　3) させる　　4) させられる

4. 彼は先月から人にも貸さず妹に(　　　)いる。

   1) 使わせられて　　2) 使わせてもらって　　3) 使わせて　　4) 使われて

5. 何度も注意されたのにまた同じ失敗を繰り返し、先生を(　　　)しまった。

   1) 怒られて　　2) 怒らせて　　3) 怒らせられて　　4) 怒って

Ⅱ. 次の文の＿★＿に入れる最もよいものを一つ選びなさい。

1. これからほんのわずかな ＿＿＿ ＿＿＿ ＿＿＿ ＿★＿ でしょうか。

   1) よろしい　　2) させてもらっても　　3) 時間だけ　　4) お邪魔

2. ご指名 ＿＿＿ 、＿＿＿ ＿★＿ ＿＿＿。

   1) によりまして　　2) とらせて　　3) いただきます　　4) 乾杯の音頭を

3. 娘は太りすぎて体の調子が悪く ＿＿＿ ＿＿＿ ＿★＿ ＿＿＿ 。

   1) から　　2) 運動させる　　3) なった　　4) しかない

4. 息子に ＿＿＿ ＿＿＿ ＿★＿ ＿＿＿ 虫歯になりやすいからです。

   1) させない　　2) のは　　3) 食べ　　4) 甘いものを

5. A：来年、うちの大学で日本語のスピーチコンテストを開くんです。
   B：ああ、それならうちの ＿＿＿ ＿＿＿ ＿★＿ ＿＿＿ 。日本語専攻なんです。

   1) いいですか　　2) させても　　3) 妹を　　4) 参加

1.8 수동형에 접속하는 표현

文型 94
직접 수동

1) 주어에는 동작을 받은 사람(동물)이 옴

▸ 子供が犬に噛まれた。

▸ 私は母にお使いを頼まれた。

▸ 私は鈴木さんにパーティーに招待されました。

2) 동작주가 다수이거나, 누구인지 불투명할 때 사용

▸ あのドラマはよく知られている。

▸ 最近、どんな本がよく読まれてますか。

▸ この歌は世界中の人々に歌われています。

3) 동작주가 취하는 격조사 「に」/「から」/「によって」

① 수동문의 동작주는 기본적으로 「に」로 나타냄

▸ 老人は看護師に支えられて歩いている。

▸ 金さんは係長に誉められてニコニコしています。

② 한 문장에서「に」의 중복 사용을 피하거나, 사물의 이동을 나타낼 경우에는 「から」를 사용

▸ (x) テニス協会に父に記念メダルが贈られた。

(o) テニス協会から父に記念メダルが贈られた。

▸ 校長先生から生徒に賞が渡された。

③「愛する、嫌う、尊敬する、憎む」등 감정을 나타내는 타동사는「から」도 가능

▸ イスンシン将軍は韓国人みんな{に/から}尊敬されている。

▸『風と共に去りぬ』は今でも多くの人{に/から}愛されています。

④ 수수동사의 경우에도 주로「から」를 사용

▸ 花束は部長から田中さんに贈られた。

▸ 先生から学生に渡されました。

⑤「描く」「書く」「建てる」「作る」「掘る」등 '창조, 생산'의 의미를 갖는 동사는「によって」를 사용

▸『となりのトトロ』は、宮崎駿によって作られた。

▸『ノルウェーの森』、村上春樹によって書かれました。

4) 동작성이 없는 상태동사나 자동사는 (직접)수동문으로 나타낼 수 없음

상태동사 : 合う、あたる、ある、いる、要る、聞こえる、切れる、似合う、似る、見える、要する 등

文型 95 간접 수동

간접수동문의 주어는 능동문에는 나타나지 않으며, 능동문이 나타내는 사태에 의해 수동문의 주어가 간접적으로 피해를 입은 경우에 사용

1) 자동사의 경우

▸（私は）帰り道に雨に降られた。（雨が降った。）

▸ 花子は子供に死なれて、とても悲しんでいる。(子供が死んだ。)

▸ 勉強しようと思っていたのに、友だちに急に来られ全然できなかった。
(友だちが来た。)

2) 타동사의 경우

▸ コーヒーショップで隣の客にタバコを吸われて、喉が痛くなった。
(コーヒーショップで隣の客がタバコを吸った。)

▸ 家の隣に田中建設によってビルを建てられて、家の日当りが悪くなった。
((家の隣に)田中建設がビルを建てた。)

文型96 소유자 수동

1) 소유물이나 신체의 일부분

▸ 私は犬に手を噛まれました。(犬が私の手を噛みました。)

▸ 私は子供にカメラを壊された。(子供が私のカメラを壊した。)

▸ 私は知らない人に足を踏まれた。(知らない人が私の足を踏んだ。)

2) 소유자 수동문은 주로「피해」의 의미를 나타냄

▸ 橋本さんはすりにお金を盗まれました。(すりが橋本さんのお金を盗んだ。)

▸ 高橋さんは息子に車を買われた。
(息子が高橋さんのお金で勝手に車を買った。)

▸ 彼女はカメラマンに何の断りもなく写真を撮られた。
(カメラマンが何の断りもなく彼女の写真を撮った。)

文型 97 V+させられる 억지로 ~하다

화자의 의사와는 상관없이 강제로 시켜서 어쩔 수 없이 하게 된 경우

- 寒いのに窓を開けさせられた。
- 罰として放課後部屋を掃除させられた。
- 子供の時、母にいろんな野菜を食べさせられました。
- 試験があるのでスマホをかばんの中に入れさせられた。

연습문제

Ⅰ. 次の文の(　　　)に入れるのに最もよいものを一つ選びなさい。

1. 弟は昨日兄弟で喧嘩したことで母に(　　　)ました。

1) 叱り　　2) 叱らせ　　3) 叱られ　　4) 叱らされ

2. 必死の練習のかいもなく、オリンピック(　　　)。

1) で優勝した　　2) に出場できた
3) に参加しなくてすんだ　　4) の代表選手に選ばれなかった

3. 不景気のため、長い間会社に勤めてきた人でさえ会社を(　　　)いる。

1) やめられて　　2) やめさせられて　　3) やめさせもらって　　4) やめされて

4. マイケル·ジャクソンは音楽界はもちろん多くの人(　　　)愛されている。

1) から　　2) まで　　3) が　　4) で

5. この有名な絵はピカソ(　　　)描かれた。

1) に　　2) から　　3) によって　　4) で

Ⅱ. 次の文の＿★＿に入れる最もよいものを一つ選びなさい。

1. スポーツセンター ＿★＿ ＿＿＿ ＿＿＿ ＿＿＿ 。

1) から　　2) テニスラケットが　　3) 斎藤さんに　　4) 贈られた

2. 私は ＿＿＿ ＿＿＿ ＿＿＿ ＿★＿。

1) 妹に　　2)大好きな　　3) 食べられた　　4) チーズケーキを

3. 去年 ＿＿＿ ＿＿＿ ＿＿＿ ＿★＿。

1) 森下先生に　　2) 論文賞が　　3) 贈られた　　4)日本語学会から

4. 高野さんは ＿＿＿ ＿＿＿ ＿＿＿ ＿★＿ かなり怒っていた。

1) 建てられて　　2) 田中建設によって　　3) 高層ビルを　　4) 家の隣に

5. 近いうちに ＿＿＿ ＿＿＿ ＿★＿ ＿＿＿。

1) 予定だ　　2) 開かれる　　3) ここで　　4) オリンピックが

02 조사에 접속

2.1 から에 접속하는 표현

文型 98

～から～にかけて ~에서 ~에 걸쳐서

사태의 시작과 끝나는 시점을 제시한 경우에 사용

- ▸ 台風は毎年、夏から秋にかけて日本を襲う。
- ▸ 大学の入学試験は2月から3月にかけて行われる。
- ▸ 今晩から明日の朝にかけて風はもっと強くなりそうです。
- ▸ 1月から2月にかけて中国からの観光客が増えるだろう。

文型 99

～からある ~이나 되는

무게나 길이를 나타내는 명사에 접속하여, 뒤에 오는 대상에 대한 화자의 놀람을 나타낼 때 사용

- ▸ 30キロからある荷物を運んだ。
- ▸ 彼は50キロからあるバーベルを持ち上げた。
- ▸ 小さい時に50cmからある大きい魚を釣ったことがある。
- ▸ 長さ５メートルからある蛇が、突然目の前に現れた。

文型100 ～からこそ ~이기 때문에, 그래서

후항에는 전항의 상태에 대한 화자의 판단을 서술할 때 사용함

- ▸ 真剣にやっているからこそ慎重になる。
- ▸ 日本語と韓国語は似ているからこそ間違えやすい。
- ▸ あなたのことを心配しているからこそ電話したんです。
- ▸ 地震の怖さを知っているからこそ少しでも多くの人にその怖さを伝えたい。

ポイント

「からこそ」는 인과관계를 객관적으로 나타내지 못한다.

(x) ソウルが朝の9時だからこそロンドンは今夜中12時だ。

⇨ ソウルが朝の9時だからロンドンは今夜中12時だ。

文型 101

~からして ~을 근거로 하면 ~에서 판단하면 / 보면

전항에 대한 화자의 판단이나 평가를 후항에 제시하는 경우

- ▸その行動からして生意気だ。
- ▸彼がきらいだ。その態度からして許せない。
- ▸この手紙は筆跡からして彼が書いたものに違いない。
- ▸最近の彼の体の調子からして今回のプロジェクトの参加は無理だと思う。

文型 102

~からといって ~라고 해서

「AからといってB」의 형태로, A라고 해서 반드시 B인 것은 아니라는 화자의 판단이나 비판이 옴

- ▸お菓子がたくさんあるからといって、食べ過ぎるのはよくない。
- ▸彼から連絡が来ないからといって、そんなに心配することはない。
- ▸韓国人だからといって、韓国語がうまく教えられるわけではない。
- ▸一度ぐらい断られたからといって、そんなに簡単に諦めないでください。

연습문제

Ⅰ. 次の文の(　　　)に入れるのに最もよいものを一つ選びなさい。

1. 一生懸命に貯金した(　　　)家も買えたんだ。

　1) からこそ　　2) からには　　3) からといって　　4) からして

2. 横浜市の電車は朝の7時半から8時半(　　　)の時間帯が一番混み合います。

　1) について　　2) にとって　　3) にわたって　　4) にかけて

3. 北海道に180cm(　　　)雪が積もりました。

　1) からして　　2) からある　　3) からには　　4) からこそ

4. 彼の健康状態(　　　)テニスは無理でしょう。

　1) からして　　2) からある　　3) からには　　4) からといって

5. 今日の試合に勝った(　　　)喜んでばかりはいられない。

　1) からには　　2) からこそ　　3) からといって　　4) からして

Ⅱ. 次の文の＿＿★＿＿に入れる最もよいものを一つ選びなさい。

1. 説明を聞いた ＿＿★＿＿ ＿＿＿＿ ＿＿＿＿ ＿＿＿＿ 。

　1) わけではない　　2) 理解できる　　3) からといって　　4) 全部

2. ＿＿＿＿ ＿＿＿＿ ＿＿＿＿ ＿＿★＿＿ ウィンブルドンテニス大会を楽しみにしてます。

　1) 7月3日から　　2) 開催される　　3) 毎年　　4) 16日にかけて

3. 彼女には ＿＿＿＿ ＿＿★＿＿ ＿＿＿＿ ＿＿＿＿ 好きだ。

　1) からこそ　　2) 欠点がある　　3) 僕は一層　　4) 彼女が

4. 50キロ ＿＿＿＿ ＿＿★＿＿ ＿＿＿＿ ＿＿＿＿ 女性にとって大変だ。

　1) 荷物を　　2) からある　　3) 運ぶのは　　4) 3階まで

5. 先生の ＿＿＿＿ ＿＿＿＿ ＿＿★＿＿ ＿＿＿＿ 。

　1) からして　　2) プランは　　3) 素晴らしい　　4) その発想

2.2 と/という/として

2.2.1 と

文型 103

～と相(あい)まって ~와(과) 어우러져서

후항은 전항의 사태에 대한 주로 화자의 심리적인 평가가 주로 옴

▸ 好天気と相まって、この日曜は人出が多かった。

▸ この歌は高校の思い出と相まって、心の中で響く。

▸ あの映画は昔あったことと相まって、すごく感動的だった。

▸ 公園の桜が周囲の景色と相まって、今日はもっときれいに見えた。

文型 104

～とあって ~라서 그래서, ~라는 이유 때문에

전항의 조건이나 상황에 의해, 후항에는 그에 따른 일반적으로 예측 가능한 사태가 옴

1 동사에 접속

1) V−た

▸ 好きだった先輩が来たとあって、急いでパーティーに参加した。

▸ 十年ぶりに再会したとあって、二人は深夜まで昔話をしていた。

▸ いよいよ新学期が始まったとあって、学生たちはわくわくしていた。

2) V-る

▸ これが終われば家に帰れるとあって、私は頑張った。

▸ 都市が近いし、自然豊かな渓谷の景色も楽しめるとあって、人気スポットになった。

▸ わずか100円で寿司が食べられるとあって、あの店は主婦やカップル、学生に大人気だ。

2 명사에 접속

▸ 初めてのデートとあって、妹は化粧までして出かけた。

▸ まもなく大学入試とあって、学生たちの表情にも緊張の色を隠せない。

▸ 久しぶりの晴天の休日とあって、山は紅葉を楽しむ人でいっぱいだった。

文型 105

～と思(おも)いきや ~라고 생각했더니

후항에는 예상 밖의 결과를 나타내는 표현이 옴

▸ 怒るのかと思いきや、なんと笑い出すではないか。

▸ テレビが直ったと思いきや、またすぐに壊れてしまった。

▸ Aチームの勝利で試合終了かと思いきや、大逆転になった。

▸ 今日は一日中雨が降るのかと思いきや、よい天気に変わった。

文型 106

～とともに ~와 함께

▸ お正月は家族とともに過ごしたい。

▸ 姉とともに海外旅行に行こうと思っている。

▸ これからも娘とともに楽しく生きていきたいと思います。

▸ 世界はスマートフォンの普及とともに大きく変化した。

文型 107

～とはいえ ~라고는 하나

1 동사에 접속

1) V-る

▸ 車の免許があるとはいえ、運転がうまいというわけではない。

▸ 彼の症状は回復に向かっているとはいえ、まだ油断は禁物だ。

▸ 英語が話せるとはいえ、アメリカ人との会話に不自由がないということではない。

2) V-た

▸ いくらお金がほしかったとはいえ、人を裏切ってはいけない。

▸ 相手の言い分が分かったとはいえ、心から納得したわけではない。

▸ 昔に比べて体力が衰えたとはいえ、まだまだ若い者には負けない。

2 그 외 접속

명사

▸ 春とはいえ、朝晩はまだまだ肌寒い。

▸ 梅雨とはいえ、今年ほど雨が多い年は珍しい。

▸ いくら友だちとはいえ、遠慮して言えないこともありますよね。

イ 형용사

▸ 駅から近いとはいえ、歩いて15分はかかる。

▸ 釜山が寒いとはいえ、ソウルの冬ほどではない。

▸ 幼いとはいえ、その子は自分の家庭の苦しい事情を理解している。

文型 108

～とは限(かぎ)らない ~라고는 단정할 수 없다

일반적으로 맞다고 인정되나 예외도 있다는 의미로, 앞의 사항을 부분적으로 부정하는 표현

▸ 先生の答えがいつも正しいとは限らない。

▸ 高い物が必ずしも安い物よりいいとは限らない。

▸ 頭がいいからといって性格もいいとは限りません。

▸ いい会社に入れば幸せになるとは限らないです。

文型 109

～とばかりに 마치 ~라는 듯이

- 店の人は出て行けとばかりにドアを開けた。
- 顔も見たくないとばかりに背を向けて知らないふりをしていた。
- 部長は余計な質問はするなとばかりに私を睨みつけていた。
- お腹が空いていたのか、 待っていましたとばかりにすぐ食べ始めた。

文型 110

～といい～といい ~으로 보나 ~으로 보나

- 色といい柄といい、 彼女にぴったりの服だ。
- これは品質といいデザインといい、 私の好みだ。
- 彼女は性格といいスタイルといい完璧な花嫁だ。
- 内容といい話し方といい、 彼のスピーチは見事だった。

2.2.2 という

文型 111

～というと ~라고 하면

어떠한 주제를 화제로 삼아서 말하거나, 문득 생각나는 것을 화제로 삼아서 표현함

- ▶ 日本の食べ物というと、やはりお寿司だろう。
- ▶ 日本の古典芸能というと、歌舞伎でしょうか。
- ▶ 日本の古都というと、京都とか奈良でしょうね。
- ▶ スポーツの祭典というと、まずオリンピックですよね。

文型 112

～というより ~라기 보다

어떤 사항을 평가할 때 사용되는 표현으로, 전항보다는 후항이라고 하는 화자의 판단을 제시하는 경우

- ▶ 私は母似というより父似だ。
- ▶ 彼は小説家というよりむしろ詩人だ。
- ▶ ここは学校というより塾のように勉強させる。
- ▶ 彼は草食系男子というより肉食系男子だと思う。

文型 113

～といえども 아무리 ~라고 할지라도

▸ 友達といえどもお礼は言うべきだ。

▸ アマチュアといえども彼の腕はプロ並みだ。

▸ 上司といえども言っていいことと悪いことがある。

▸ たとえ母親といえども子供を叱りつけるだけではよくない。

文型 114

～といっても ~라고는 하지만

전항에 제시된 것과 화자가 생각한 결과가 다른 경우에 사용하는 표현

▸ 留学といってもたった１ヶ月の交換留学です。

▸ 料理ができるといってもラーメンか目玉焼きぐらいです。

▸ 日本語が出来ないといっても全然できないわけでもない。

▸ 夏休みといってもほとんど毎日学校に行かなければならない。

2.2.3 として

文型 115
～として ~로서

- ▸ 親としてすべきことはしなさい。
- ▸ 自分と関係のあることとして考えてほしい。
- ▸ 京都は歴史の古い町として知られている。
- ▸ 友達の悩みも自分自身の問題として考えるような人になりなさい。

文型 116
～としても ~라고 하더라도

- ▸ 母は良いとしても父は許してくれないはずだ。
- ▸ 彼女と結婚できるとしても、2、3年後になるだろう。
- ▸ 彼の話が本当だとしても、この目で確かめない限りは信じられない。
- ▸ 彼は勉強はできないとしても、真面目な人なので友達から愛されている。

cf R–ようとしても ~하려고 해도

- ▸ とうがらしは食べようとしても辛くて食べられない。
- ▸ 覚えようとしても量が多くて一日では覚えられない。
- ▸ この問題を先生に聞いてみようとしても忙しくてなかなかお会いできない。

연습문제

Ⅰ. 次の文の(　　　)に入れるのに最もよいものを一つ選びなさい。

1. 村上春樹(　　　)「ノルウェイの森」という小説を思い出す人が多いでしょう。
   1) として　　2) というと　　3) といっても　　4) といえども
2. 公園の楓が周辺のイチョウの木(　　　)、いっそうきれいでした。
   1) とあって　　2) ともに　　3) と相まって　　4) とばかりに
3. 娘が結婚することで、さぞ喜んでいるだろう(　　　)、寂しそうな顔をしていた。
   1) と思いきや　　2) とはいえ　　3) とは限らない　　4) とあって
4. 彼は驚いた顔をしてこんな事は承知できない(　　　)事務室を出ていった。
   1) とともに　　2) とあって　　3) とばかりに　　4) とあいまって
5. 東京に行ったことがある(　　　)、一日市内観光をしただけです。
   1) といえば　　2) というと　　3) といったら　　4) といっても

Ⅱ. 次の文の ＿★＿ に入れる最もよいものを一つ選びなさい。

1. この前の ＿＿＿ ＿★＿ ＿＿＿ ＿＿＿ ません。
   1) としても　　2) 忘れられ　　3) 忘れよう　　4) 事件は
2. 海外での ＿＿＿ ＿＿＿ ＿★＿、＿＿＿ は常にある。
   1) といえども　　2) 言葉の問題　　3) 長い　　4) 生活が
3. メロディーといい ＿＿＿ ＿★＿、＿＿＿ ＿＿＿ でした。
   1) すてきな　　2) 曲　　3) 歌詞　　4) といい
4. 人気歌手が来る ＿★＿、＿＿＿ ＿＿＿ ＿＿＿ 売り切れた。
   1) チケットは　　2) あっという間に　　3) とあって　　4) コンサートの
5. 仕事が ＿＿＿ ＿＿＿、＿＿＿ ＿★＿ 出勤しなければならない。
   1) あって　　2) 山のように　　3) とはいえ　　4) 休日

2.3 に에 접속하는 표현

文型 117
～にあたって ~에 즈음하여, ~하기에 앞서

▸ 1年が始まるにあたって1年の目標を立てた。

▸ 面接にあたっての注意事項を先輩に教えてもらった。

▸ 解決するにあたって、まず必要なのはお互いの協力です。

▸ 出発にあたって、スケジュールについてもう一度説明してもらいたい。

文型 118
～にあって ~(상황 하)에 있으므로

「～라는 특별한 상황에 처하여」라는 의미로 대부분 격조사「～で/なので」로 바꿔 쓸 수 있음

▸ 想像の中にあって現実化できない。

▸ 責任者という立場にあって、簡単には判断できない。

▸ 核時代にあって、世界中どこの国でも安全ではない。

▸ 久しぶりの再会にあって、彼らは何時間もおしゃべりした。

cf ～にあっても ~에 처하더라도

▸ コロナ禍にあっても学びをやめてはいけません。

▸ いかなる苦境にあっても、絶対希望を捨てないことだ。

▸ 苦しい状況にあっても、家族と一緒に暮せば乗り越えられると思う。

文型 119

~にあたる ~에 해당하다

▸ 1マイルは約1,600メートルにあたる。

▸ 結果は女性の3倍にあたる40%に達した。

▸ 支払日が休日にあたる場合はその直前の就業日に支払う。

▸ 実は失礼にあたるような間違った敬語を使ってしまったことも珍しくありません。

文型 120

~にいたって ~에 이르러

어떤 극단적인 단계에 도달하고 나서, 그 이후의 변화결과가 제시됨

▸ 事ここにいたって、女は泣き出した。

▸ 彼が発見されるにいたって、捜査が本格的に始まった。

▸ 学校をやめるにいたって、ようやくいじめの事実が明らかになった。

▸ あの事件が社会問題化するにいたって、やっと警察が事件の全貌を調べ始めた。

文型 121

~に応(おう)じて ~에 부응하여

▸ ご要望に応じてお答えいたします。

▸ お客様の依頼に応じて作品を作っていくつもりです。

▸ 予算に応じて旅行のコースを決めようと思っています。

▸ 症状に応じて検査や処置など、適切な治療が必要です。

文型 122

～に関(かか)わらず ~에 관계없이 / ~상관없이

▸ 性別に関わらず誰でも応募できる。

▸ 住民の反対に関わらず建設が始まった。

▸ 水泳は年齢に関わらず楽しめるよいスポーツです。

▸ 仕事に参加するしないに関わらず会費は納めてください。

文型 123

～に限(かぎ)らず ~뿐만 아니라

▸ 彼女は数学に限らず、英語も得意だそうだ。

▸ 母親に限らず、父親も育児をする時代になった。

▸ 彼は勉強に限らず、趣味も一生懸命する性格だ。

▸ ここ数年、コンピューターは仕事に限らず、多くの分野で利用されるようになりました。

文型 124

～に限(かぎ)り ~에게만, ~에게 한해

▸ 女性に限り、クラブの入場料は半額です。

▸ 今日来てくださった方に限り、プレゼントします。

▸ 皆様の中から5名様に限り、割引券を抽選いたします。

▸ 免許証をお持ちのお客さんに限り、新しい車の試乗ができます。

文型 125
～に限る(かぎ)

〈 ～로 한정하다〉

▸ このチケットでの入場は一人一枚に限る。

▸ 日本語の先生募集。ただし韓国語が話せる方に限ります。

〈 ～가 가장 좋다〉

▸ 疲れたら寝るに限る。

▸ やはりカステラは長崎カステラに限る。

文型 126
～にかけては ~(분야)에 있어서는

▸ 腕相撲にかけては彼に勝てる人はいない。

▸ 兄は勉強にかけては学校の誰にも負けないらしい。

▸ 絵を描くことにかけては彼の右に出るものはいない。

▸ 弟は勉強はできないが、泳ぐことにかけては子供の時から上手だった。

文型 127

～にかたくない

~하기 어렵지 않다, 충분히 ~할 수 있다

어떤 사항에 대해 충분히 상상하거나 이해할 수 있다는 표현으로, 「想像」「理解」「察する」등과 호응

▸ この仕事の辛さは十分想像にかたくない。

▸ 地震で家族を失った人々の悲しみは想像にかたくない。

▸ 会社からリストラされた彼が金に困ることは察するにかたくない。

▸ 彼の育った環境を考えれば、彼が乱暴なのも理解にかたくない。

文型 128

～に関(かん)して(は)

~에 관해서

▸ 日本の歴史に関して研究しようと留学を決めました。

▸ 彼に関してはもう少し考えてみる必要がありそうです。

▸ 明日の会議に関して質問のある方は手を上げてください。

▸ 彼女は日本への留学に関して先生のアドバイスを受けています。

연습문제

Ⅰ. 次の文の(　　　)に入れるのに最もよいものを一つ選びなさい。

1. 海外生活をする(　　　)、現地の生活情報を調べる必要がある。

　1) に関する　2) によって　3) にあたって　4) にもとづいて

2. 詳しい使い方(　　　)こちらの説明書をご覧ください。

　1) にとっては　2) に関しては　3) にかけては　4) をめぐって

3. みなさんのご希望(　　　)、授業を進めていくつもりです。

　1) にそって　2) において　3) に答えた　4) に応じて

4. 天気(　　　)明日は試合を行います。

　1) はもとより　2) にかけては　3) に関わらず　4) よって

5. 山田さんはパン作り(　　　)かなりの腕の持ち主らしい。

　1) において　2) にかけては　3) に応じて　4) に関して

Ⅱ. 次の文の＿★＿に入れる最もよいものを一つ選びなさい。

1. 大地震で ＿＿ ＿＿ ＿＿ ＿★＿、やっと危機管理の重要性を自覚するようになった。

　1) 出す　2) 死傷者を　3) 何千人もの　4) にいたって

2. 会社からリストラされた彼が ＿＿ ＿★＿ ＿＿ ＿＿。

　1) にかたくない　2) 困ることは　3) 金に　4) 察する

3. 松井選手は子供のころ、＿＿ ＿★＿ ＿＿ ＿＿ 得意だったそうだ。

　1) スポーツなら　2) に限らず　3) なんでも　4) 野球

4. 今年の ＿＿ ＿＿ ＿＿ ＿★＿。

　1) 私の　2) 日曜日　3) 誕生日は　4) にあたる

5. 先生は責任者という立場 ＿★＿ ＿＿ ＿＿ ＿＿ しなければならなかった。

　1) 惜しんで　2) にあって　3) 寝る時間も　4) 研究を

文型 129

～に決(きま)っている ~임에 틀림없다

어떤 사항을 확실하게 단정하는 경우에 사용되며, 화자의 확신에 찬 추측 표현

- 夜も寝ないで勉強したのだから、合格するに決まっている。
- 同じ製品を買うなら、値段は安い方がいいに決まっている。
- 何より水と米がいいので、ここの地酒はおいしいに決まっている。
- 一人で外国へ旅行するなんて、親に反対されるに決まっている。

文型 130

～に比(くら)べ(て) ~에 비해

어떤 둘 이상의 사항을 나열하여 비교할 때 사용되는 표현

- 5年前に比べ痩せてきた。
- 男に比べて女の方が平均寿命が長い。
- 東京に比べて大阪の方が物価が安い。
- ヨーロッパに比べ日本はまだまだ進んでいないところがたくさんあると思う。

文型 131

～に加(くわ)えて ~에 더하여, ~에다가

- この製品は美しさに加え、機能も充実している。

▸ この子は音楽の才能に加えて絵の才能も豊かだ。

▸ 先週の課題に加えて山ほどの課題が今週も出された。

▸ 雨に加えて風も吹いてきて、今日は大変な一日だった。

文型 132

～にこたえて ~에 부응하여

주로「希望・要望・期待」등의 명사와 호응

▸ 皆さんの期待にこたえて、新しいサービスを開始します。

▸ 消費者のご意見にこたえて、新製品の開発をいたします。

▸ 皆の要望にこたえて、夕食は庭でバーベキューをすることにした。

▸ わが社は社員の要求にこたえて、来月から週末は残業をしないことにした。

文型 133

～に際(さい)して ~에 즈음하여

▸ 面接に際して緊張していたのは私だった。

▸ 工場見学に際して係の人から様々な注意を受けた。

▸ 卒業に際して私たちは感謝の印として置き時計を贈りました。

▸ 入居に際して隣近所に挨拶回りをするのは日本の古い習慣だ。

文型 134

～に従って(したが) ～에 따라

- 規定に従って行う。
- マニュアルに従って行って下さい。
- 彼の指示に従って図面を作った。
- わが社は労働者の安全に関する政府の方針に従って作業している。

cf V－る＋に従って　～함에 따라

- 成長するに従って友達も変わってくる。
- 国が発展するに従って私たちの生活もよくなってきた。
- 学年が上がるに従って就職についてのプレッシャーがかかる

文型 135

～にして ～이 되어(비로소)

- 2回目にしてやっと分かった。
- これは偉大な科学者にして始めてできることであろう。
- これは長年訓練を積んだ彼のような人にしてはじめてできる技です。
- 日本語能力試験N1は非常に難しく、3回目にしてようやく合格できた。

文型 136
~にしては ~치고는

어떤 사항이 예상이나 기대를 벗어난 경우

▸ 女の子にしては声が大きい。

▸ バスケ選手にしては背が低い。

▸ 彼は10年もアメリカに住んでいたにしては英語が下手だ。

▸ 今住んでいるところは都心にしては静かで住みよい所です。

1 동사에 접속

1) V-た

▸ 子供が書いたにしてはよくできています。

▸ ヘリから撮ったにしては手ブレがあまりない。

2) V-る

▸ 謝るにしては傲慢な態度だった。

▸ 毎日飲むにしては肝臓の状態が思ったよりよかった。

2 명사에 접속

▸ 彼は25才にしてはまだ子供っぽい。

▸ 子犬にしては鳴き声がびっくりするほどうるさい。

文型 137
~にしても ~라고 하더라도

▶ 冗談にしてもほどがある。

▶ 今回の試験は合格したにしても点数はあまりよくないと思う。

▶ 忙しいにしても自分の部屋は自分で片付ければいいのに。

▶ 十分ではないにしてもこれだけの金があれば暮らしていける。

文型 138
～にすぎない ~에 지나지 않다

▶ これは単なる言い訳にすぎない。

▶ 彼だって普通の人間にすぎません。

▶ スマホは一つの道具にすぎないです。

▶ サンフランシスコの人口はニューヨークのわずか10分の1にすぎない。

文型 139
～にせよ (비록)~ 라고 해도

▶ 安物にせよ、大事に使いなさい。

▶ 事故は起らなかったにせよ、運転をする時は集中すべきだ。

cf ～にせよ ～にせよ　～든 ～든

▶ 背が高いにせよ、低いにせよ、イケメンはモテる。

▶ お客さんが来るにせよ、来ないにせよ、部屋は掃除しなさい。

연습문제

Ⅰ. 次の文の(　　　)に入れるのに最もよいものを一つ選びなさい。

1. みなさまのご希望(　　　)、喫茶店は夜11時まで開くことになりました。
   1) をともに　　2) において　　3) に答えて　　4) に対して
2. 彼は勉強がきらいな学生であったが、卒業(　　　)先生との別れを一番悲しんでた。
   1) の上で　　2) に際して　　3) 以来　　4) に対して
3. 小さいスーパー(　　　)海外からの食材まで売っている。
   1) にしては　　2) に加えて　　3) に際して　　4) にしても
4. 災害時などは職員の指示(　　　)，迅速に避難して下さい。
   1) にせよ　　2) にすぎない　　3) にしては　　4) に従って
5. 今晩からは大雨(　　　)風も激しくなるそうだ。
   1) にして　　2) にしては　　3) にすぎない　　4) に加えて

Ⅱ. 次の文の＿★＿に入れる最もよいものを一つ選びなさい。

1. 料理の勉強を ＿＿＿ ＿＿＿ ＿＿＿ ＿★＿。
   1) まだ一ヶ月　　2) といっても　　3) にすぎない　　4) 始めた
2. わが社は労働者の ＿＿＿ ＿★＿ ＿＿＿ ＿＿＿ 作業している。
   1) 政府の方針　　2) 関する　　3) に従って　　4) 安全に
3. あの学生は今まで誰にも負けた ＿＿＿ ＿＿＿、＿＿＿ ＿★＿。
   1) ないから　　2) に決まっている　　3) ことが　　4) 今回も入賞する
4. この子は ＿＿＿ ＿＿＿ ＿＿＿ ＿★＿ している。
   1) にしては　　2) 幼稚園児　　3) ずいぶん　　4) しっかり
5. ほんの少しの ＿＿＿ ＿＿＿ ＿★＿、＿＿＿ 変わった。
   1) にしては　　2) 塩を　　3) だいぶ味が　　4) 加えた

文型 140

～に対(たい)して ~에 대해서

▸ 君は先月の事件に対して関心を持っているかな。

▸ 田中さんはもともと世話好きで、誰に対しても親切だ。

▸ アメリカでは離婚に対しての考え方が大分変わってきた。

▸ 女性の地位がまだ低いのに対して、欧米では比較的高い。

cf ～に対する ～에 대한

▸ この学校では教師に対する要求が厳しい。

▸ 被害者に対する補償問題を検討しているところです。

▸ 年上の人に対する態度をもう一度考えてみた方がいい。

文型 141

～に耐(た)えない 도저히 ~할 수 없다

▸ 彼は聞くに耐えないほど音痴だった。

▸ 彼の展示会は見るに耐えない絵ばかりでした。

▸ 彼の礼儀に欠いた行動は我慢するに耐えません。

▸ 最近の雑誌は芸能人のスキャンダルが多く、読むに耐えない記事ばかりだ。

文型 142

～に足(た)りない ~할 가치가 없다

- 彼は尊敬するに足りない人物だ。
- 彼らの言葉は一つとして信じるに足りない。
- 君からの情報は信頼するに足りないものだった。
- 実際は大したことはないので、恐れるに足りない。

文型 143

～に違(ちが)いない ~임에 틀림없다

- 何か間違いがあるに違いない。
- この人は嘘をついているに違いないです。
- あ、財布がない。電車の中に落したに違いない。
- あんなに短時間でそこまで走ったなんて、すぐれたマラソン選手に違いありません。

文型 144

～について ~에 대하여

- 詳細について後日ご連絡します。
- 昨日の事件について聞かせてください。
- お客様に合った料金プランについてご案内いたします。
- 環境問題について考えるようになったきっかけは何ですか。

文型 145
～につけ～につけ ~A이든 ~B이든

관용적인 표현으로 서로 반대되거나 관련 있는 말을 예로 들어 제시하는 표현

- ▶ 行くにつけ行かないにつけ連絡ください。
- ▶ いいにつけ悪いにつけ現状を報告しなければならない。
- ▶ 雨につけ雪につけあの人は毎日ジョギングを続けている。
- ▶ 親は暑いにつけ寒いにつけ離れて暮す子供のことが心配だ。

文型 146
～につれて ~에 따라서

전항에 사태가 변화함에 따라 후항의 사태도 변화가 발생한다는 표현

- ▶ 品質がよくなるにつれて値段も高くなる。
- ▶ 大人になるにつれて生き方も変わっていく。
- ▶ 時代の変化につれて生活習慣も違ってきた。
- ▶ 年を取るにつれて体のいろいろな機能が低下する。

文型 147
～にとって(は) ~에 있어서, ~하다(상태)

주로 사람 명사에 접속하여 그 입장에서 판단 가치를 나타냄

▸ うちの犬は私たちにとって家族と同じだ。
▸ 彼にとってこの写真は何より大切なものだろう。
▸ この問題はあなたにとっては簡単でも私にとっては難しい。
▸ 私にとって家族はかけがえのないとても大切な存在である。

ポイント

「～にとって」와「賛成」「反対」「感謝する」의 호응 관계

문말에「賛成」「反対」「感謝する」등 태도를 나타내는 표현이 올 수 없다.

(x) その案は私にとって反対です。
⇨ 私はその案に反対です。

文型 148
～にとどまらず ~뿐만 아니라

주로 지역이나 시간 등 범위를 나타내는 명사에 접속하여, 그것뿐만이 아니라는 것을 나타냄

▸ アニメは日本にとどまらず世界各国に広がった。
▸ 彼は哲学にとどまらず科学にも興味を持っていた。
▸ そのアイドルグループは、国内にとどまらず海外でも活躍している。
▸ 彼女の侮辱は自分一人だけにとどまらず家族にまで影響を与えた。

연습문제

Ⅰ. 次の文の(　　　)に入れるのに最もよいものを一つ選びなさい。

1. 私は子犬がいじめられているのは見る(　　　)。
   1) に足りない　2) にほかならない　3) に耐えない　4) に違いない
2. 晩餐会の席でソフトウェアの新バージョン(　　　)触れたい。
   1) として　2) について　3) にとって　4) にもとづいて
3. 不況が長引く(　　　)、失業者の数も増えてきた。
   1) ついでに　2) に先だって　3) にそって　4) につれて
4. 地震の影響は、震源地(　　　)、周辺地域全体に及んだ。
   1) にもまして　2) にもとづいて　3) にとどまらず　4) にしても
5. A国(　　　)閉鎖的な政策をしてきた。
   1) にもまして　2) にもとづいて　3) にとどまらず　4) に対して

Ⅱ. 次の文の＿★＿に入れる最もよいものを一つ選びなさい。

1. 先生は学生に学習状況 ＿＿ ＿＿ ＿＿ ＿★＿ 現状を報告させる必要がある。
   1) につけ　2) いいにつけ　3) わるい　4) について
2. あなたが実力を ＿＿＿＿ ＿＿＿＿ ＿＿★＿＿ ＿＿＿＿ 。
   1) でしょう　2) に足りない　3) 備えていれば　4) 恐れる
3. 私 ＿＿★＿＿ ＿＿＿＿ ＿＿＿＿ ＿＿＿＿ 存在だ
   1) 彼は　2) いなくては　3) にとって　4) ならない
4. 今回の生産商品 ＿＿＿＿ ＿＿＿＿ ＿＿＿＿ ＿＿★＿＿ 。
   1) 感謝している　2) に関して　3) に違いない　4) ご配慮をたまわり
5. アニメは ＿＿＿＿ ＿＿★＿＿ ＿＿＿＿ ＿＿＿＿。
   1) にとどまらず　2) 広がった　3) 世界各国に　4) 日本

文型 149

～に伴(ともな)って ~에 따라서

전항의 변화에 따라서 후항의 변화가 일어남을 나타냄

- 経済の不況に伴って就職が難しくなってきた。
- 町の発展に伴って働こうとする若者が増えた。
- 少子化に伴って社会的にいろいろな問題が生じた。
- 円高に伴って日本からの観光客が増えてくるだろう。

文型 150

～に反(はん)して ~에 반해, ~와는 달리

전항의 사항과 반대되거나 위반되는 사례가 발생하는 경우

- 校則に反して髪をそめた。
- 予報に反して雨が降った。
- 彼は自分の意志に反して契約書に署名させられた。
- 国民の期待に反して政府は法案の強行採決に踏み切った。

文型 151

～にひきかえ ~와 달리, 반대로

대조적인 두 가지의 사항을 비교하여 전항의 사항이 후항의 사항과 반대됨을 나타냄

▸ 私が片付け好きなのにひきかえ、妹はいつも部屋を散らかしている。
▸ 男の友だちはどんどん結婚していくのにひきかえ、女の友だちは独身が多い。
▸ 主人公の生き方にひきかえ、自分の生き方がいかにいいかげんだったかを知った。
▸ 先月の化粧品の売り上げが著しく伸びたのにひきかえ、衣料品の売り上げは落ち込んだ。

文型 152 ～にほかならない

~임에 틀림없다, 바로 ~이다

어떤 사태가 일어난 이유・원인을 단정적으로 강조하여 나타내는 표현

▸ 言葉は意志伝達の手段にほかならない。
▸ 今回の失敗の原因は準備不足にほかならないです。
▸ 彼が成功したのは長年の苦労の結果にほかならない。
▸ 今のわが国の繁栄は国民のたゆまぬ努力の結果にほかならない。

cf ～から＋にほかならない ～때문임에 틀림없다

▸ 批判が多いのは人気があるからにほかならない。
▸ 彼の事業の成功はタイミングが良かったからにほかならない。
▸ その問題についていろいろな意見が出ているが、それはみんなが関心を持っているからにほかならないです。

文型 153

～に向(む)かって ~을 향하여

▸ 目標に向かって頑張っていきたい。

▸ この飛行機は現在大阪に向かっています。

▸ 先生に向かって失礼なことを言わないでください。

▸ 選手たちはゴールに向かって全速力で走っている。

文型 154

～に基(もと)づいて ~에 근거하여

▸ 自分の信念に基づいて行動する。

▸ マニュアルに基づいて作業をしている。

▸ これは事実に基づいて書かれたシナリオです。

▸ 調査した統計に基づいてレポートを書いてください。

文型 155

～にもまして ~보다 훨씬

▸ 今年は去年にもまして台風が多い。

▸ 出会った頃にもましてあの二人は仲よくなった。

▸ 隣の子は以前にもましてもっとたくましくなったね。

▸ 去年にもまして今年の受験者数は予想よりも遥かに多かった。

文型 156
～によって ~에 의하여, ~에 따라서

▶ 時と場所によって行動する。

▶ SNSによって人との繋がりが変わってきた。

▶ この問題は話し合いによって解決できます。

▶ インターネットによって世界中の情報がすぐに分かる時代になった。

文型 157
～にわたって ~에 걸쳐서

전체기간, 범위를 나타내는 표현에 접속함

▶ 借金を２年にわたって返済した。

▶ 総理は３期にわたって続けている。

▶ 再三にわたって警告したが全然聞こうともしない。

▶ 彼は環境汚染の調査を５年にわたって続けてきた。

연습문제

Ⅰ. 次の文の(　　　)に入れるのに最もよいものを一つ選びなさい。

1. 高齢化の進行(　　　)、社会保障の財源問題が深刻になってきた。
   1) にともなって　2) にもとづいて　3) にしても　4) にもかかわらず
2. これまで調査した資料(　　　)レジュメを書いた。
   1) にしても　2) にわたって　3) にもとづいて　4) にもかかわらず
3. 昨日までの暖かさ(　　　)、今日はずいぶん寒くなった。
   1) にむかって　2) にわたって　3) によって　4) にひきかえ
4. 今回のG20も参加国の首脳による話し合いが3回(　　　)行われた。
   1) にむかった　2) にわたって　3) にひきかえ　4) にもとづいて
5. この会社の成功は皆さんの努力(　　　)左右される。
   1) にひきかえ　2) にむかって　3) によって　4) に反して

Ⅱ. 次の文の＿★＿に入れる最もよいものを一つ選びなさい。

1. あの選手が金メダルを ＿＿＿ ＿＿＿ ＿＿＿ ＿★＿ 。
   1) この3年間の　2) 取ったのは　3) にほかならない　4) 血と汗の結晶
2. 大学生の就職は、去年 ＿＿＿ ＿＿＿ ＿★＿ ＿＿＿ ことが予想される。
   1) さらに　2) 厳しい　3) 状況になる　4) にもまして
3. 自分の夢 ＿＿＿ ＿★＿ ＿＿＿ ＿＿＿ 幸せだろう。
   1) 進んでいく　2) まっすぐ　3) にむかって　4) ときが
4. 親は息子の ＿＿＿ ＿＿＿ ＿＿＿ ＿★＿ ことは避けた方がいい。
   1) に反して　2) 何かを　3) 無理にさせる　4) 意思
5. 上半期の ＿＿＿ ＿＿＿ ＿＿＿ ＿★＿。
   1) 貿易赤字の　2) 円安　3) にほかならない　4) 原因は

2.4 を에 접속하는 표현

文型 158

~をおいて(ない) ~말고는, ~두고는, ~제외하고는

어떤 대상이 가장 적당하다는 것을 나타낼 경우 사용

- 言葉をおいて文化は語れない。
- 話し合いをおいて他に解決の方法はない。
- 次の大統領に相応しい候補者は彼をおいていない。
- この仕事ができるのはあの人をおいてほかにはいないだろう。

文型 159

~を限(かぎ)りに ~을 끝으로, 마지막으로

- 今日を限りにタバコをやめることにした。
- その日を限りに彼を見かけた人はいなかった。
- この協会は今年の計画事業を限りに解散することになった。
- 申し込みは今週の金曜日を限りに締め切らせていただきます。

文型 160

～を皮切(かわき)りに ~을 시작으로 하여

어떤 사항을 계기로 하여 점점 발전하거나 확대되어감을 나타냄

- 私の言葉を皮切りに話をはじめてほしい。
- 高さんのインタビューを皮切りに世間は大混乱の状態になった。
- 彼女は仙台公演を皮切りに全国各地でライブ公演を始めた。
- 店長としての成功を皮切りに事業を広げ、今は様々な分野で活躍している。

文型 161

～をきっかけに ~을 계기로

- 皆さんは何をきっかけに、日本に興味を持つようになりましたか。
- 3年前の交通事故をきっかけに、私は横断歩道で案内をしている。
- 富士山の登山をきっかけに、私はキャンプに興味を持つようになった。
- 父は定年退職をきっかけに、本格的にボランティア活動に参加するようになった。

文型 162

～を中心(ちゅうしん)に ~을 중심으로

- 先生を中心に記念写真を撮った。
- テストはテキストを中心に勉強すればいいです。
- 我が社は福岡を中心に事業を展開して参りました。
- 最近はダイエットのため、野菜を中心に食べています。

文型 163

～を問(と)わず ~을 불문하고

▸ この試験は老若男女を問わず誰でも受けられます。

▸ わが社は経験を問わずやる気さえあれば採用します。

▸ 京都では季節を問わず美味しい料理が食べられます。

▸ 私はジャンルを問わずスポーツ関連の本を読むのが好きです。

文型 164

～をはじめ ~을 비롯하여, ~을 시작으로

▸ 彼は5年前の曲をはじめ15曲を歌ってきた。

▸ 今日のプレゼンは社長をはじめ役員全員が参加します。

▸ 東京をはじめ関東地方での発売が昨日の会議で決まった。

▸ 上野動物園にはパンダをはじめ珍しい動物がたくさんいます。

文型 165

～を踏(ふ)まえて ~에 입각하여, ~을 근거로 하여

어떤 사항을 전제하거나 판단의 근거로 둔다는 의미

▸ 事実を踏まえて説明してください。

▸ クラス分けは試験の結果を踏まえて行う。

▸ 現在の状況を踏まえて今のプランを見直す必要がある。

▸ 交換留学での経験を踏まえて日本文化について発表した。

文型 166
～をめぐって ~을 둘러싸고

▸ 子供たちが遺産相続をめぐって争っている。

▸ その事件をめぐって様々な噂が広がっている。

▸ 代表理事のポストをめぐって5人が立候補した。

▸ この規則の改正をめぐって委員会で討論が続いている。

ポイント

「～めぐって」는 주로 「議論する · 論戦する · 噂が流れる · 紛糾する」과 호응

(x) 日本の歴史をめぐって研究しています。

⇨ 日本の歴史について研究しています。

文型 167
～をもって ~으로, ~로써

「~을 이용하여」 라는 도구, 수단의 의미와 「~을 끝으로」 라는 의미, 그리고 관용적 표현으로도 사용

▸ 身をもって守る。

▸ 一をもって万を知る。

▸ 本日をもって閉店させていただきます。

文型 168

～をもとに ~을 기반으로, ~ 토대로, ~근거로 해서

- ▶ 日本での経験をもとに商売を始めた。
- ▶ これは実話をもとに作られた映画である。
- ▶ ファンの人気投票をもとに今年のベストドラマが決まりました。
- ▶ このレポートは10冊の文献をもとにして自分なりにまとめました。

文型 169

～をものともせず(に) ~을 전혀 신경 쓰지 않고

- ▶ ケガをものともせずに試合に出場した。
- ▶ 危険をものともせず計画通り実行した。
- ▶ 雨をものともせず兄とサッカーしに出かけた。
- ▶ 彼は度重なる失敗をものともせずに続けた結果、 結局成功した。

文型 170

～を余儀(よぎ)なくされる 할 수 없이 ~하게 되다, 하지 않으면 안되게 되다

피할 도리가 없는 상황에 처하게 되었을 때 쓰임

- ▶ 彼は急病で入院を余儀なくされた。

- 横綱は前場所でのケガで引退を余儀なくされた。
- 代表理事は昨日の理事会で辞任を余儀なくされた。
- 地震のため、多くの住民が学校の講堂で共同生活を余儀なくされた。

文型 171
～をよそに ~을 등한시 하고, ~와는 반대로

전항과는 반대의 결과가 발생한 경우로서, 주로 걱정, 비판, 기대, 가치, 감정 등에 대해 말하는 경우가 많음

- ファンの期待をよそに彼らは連敗した。
- 人々の不安をよそに原発建設が進められている。
- 彼女は親の心配をよそに一人で海外旅行に出かけた。
- 家族の心配をよそに毎日ゲームばかりして過ごしている。

연습문제

Ⅰ. 次の文の(　　)に入れるのに最もよいものを一つ選びなさい。

1. 今月の反省(　　　)来月の計画を立てていきたい。
   1) にたいして　2) について　3) をふまえて　4) をめぐって
2. 教育の問題(　　　)参加者から多くの意見が出された。
   1) をもとから　2) にすれば　3) にもとづいて　4) をめぐって
3. 東京(　　　)全国20ヶ所でコンサートが開かれる。
   1) をふまえて　2) をかわきりに　3) をおいて　4) を問わず
4. 鈴木さんがA大学に合格したので、ご両親(　　　)みんな喜んでる。
   1) をはじめ　2) を中心に　3) をふまえて　4) を契機に
5. 蔚山のバス事故は回りの人に衝撃(　　　)伝えられた。
   1) をよそに　2) を中心に　3) をもって　4) をおいて

Ⅱ. 次の文の＿★＿に入れる最もよいものを一つ選びなさい。

1. 彼女は ＿＿＿ ＿★＿ ＿＿＿ ＿＿＿ 。
   1) マラソンを　2) 完走した　3) ものともせずに　4) 足の痛みを
2. ＿＿＿ ＿＿＿ ＿＿＿ ＿★＿ 熱中している。
   1) 生徒たちは　2) 先生の期待　3) 毎日ゲームに　4) をよそに
3. 子供の時 ＿＿＿ ＿＿＿ ＿＿＿ ＿★＿ 他にない。
   1) 教師　2) からの　3) をおいて　4) 夢は
4. その祭りには ＿＿＿ ＿★＿、＿＿＿ ＿＿＿ が訪れた。
   1) 人々　2) 問わず　3) 多くの　4) 年齢を
5. このバンドは ＿＿＿ ＿＿＿ ＿★＿ ＿＿＿ ことになった。
   1) コンサート　2) 今回の　3) 解散する　4) を限りに

2.5 の/は/も에 접속하는 경우

2.5.1 ~の

文型 172

~のあまり 너무 ~한 나머지

전항의 감정・태도로 인해 후항의 정도가 극단에 이른다는 의미이다. 주로 감정을 표현하는 경우에 쓰임

- ▸ 嬉しさのあまり彼は涙を流していた。
- ▸ 寂しさのあまり母に電話してしまった。
- ▸ 悔しさのあまり必死になって練習した。
- ▸ 夕べは空腹のあまり目が眩むほどだった。

文型 173

~のいかんに関(かか)わらず ~의 여하에 상관없이

- ▸ 体調のいかんに関わらず約束は守るべきだと思う。
- ▸ 理由のいかんに関わらず無断欠席をしてはいけません。
- ▸ 明日の天気のいかんに関わらずセミナーは開催されます。
- ▸ 採用のいかんに関わらず結果はメールでお知らせいたします。

文型 174

～の最中(に) ~하는 중, 한창

(最中: さいちゅう)

- 食事の最中、電話がかかってきた。
- 仕事の最中にスマホを触ってはいけません。
- 練習の最中、お腹が痛くなって早退して帰ってきた。

cf ～している最中(に)

- 高橋はアパートの手配をしている最中です。
- 電話している最中に話しかけてしまってごめん。
- 集中している最中に邪魔な行動はやめてください。

文型 175

～のもとで ~의 지도하에, ~상태에서

- 私は渡辺先生のもとで論文を書いています。
- 僕は今、小林という人のもとで陶芸を習っています。
- 私たちは恵まれた環境のもとで社会生活を営んできました。
- 先生のもとで音楽家として、それから一人の人間として多くのことを学びました。

2.5.2 ~は

文型 176

~はおろか ~은 물론, 말할 것도 없이

전항보다 더욱 더 부정적인 의미를 나타내는 경우에 주로 사용

- ▸ 彼女は走る事はおろか歩くこともまだ不自由だ。
- ▸ 彼はまだカタカナはおろかひらがなも覚えていません。
- ▸ 中学の時は人の前で話はおろかろくに挨拶もできなかった。
- ▸ 高校時代の友達の中には名前はおろか顔さえ思い出せない人もいる。

文型 177

~はかなわない ~이어서는 견딜 수 없다, ~에게는 당해내지 못한다

- ▸ こう暑くてはかなわない。
- ▸ 誰でも、頑張る人にはかなわない。
- ▸ 口喧嘩では誰も彼女にはかなわない。
- ▸ いくら綺麗な宝石でもあなたの笑顔にはかなわないよ。

文型 178

~はともかく ~은 접어두고, ~보다

전항의 사항을 의논 대상에서 제외하고 후항의 사항을 우선시 한다는 의미

▶ 明日のご飯はともかく今日の分もない。

▶ 見た目はともかく味だけは最高だよね。

▶ 場所はともかく人数と日にちだけは先に決めよう。

▶ 大きさはともかくデザインさえ気に入れば買います。

文型 179

～は別(べつ)にして(も) ~은 제쳐두고

▶ 観光は別にしてとりあえず食べよう。

▶ 夜景は別にしても寝るところが問題だ。

▶ 効くかどうかは別にしてとりあえず使ってみよう。

▶ 実現できるかどうかは別にして、チャレンジしてみる価値があると思う。

文型 180

～はもとより ~은 말할 것도 없고 ~은 두말 할 필요도 없고

당연하다고 여겨지는 것을 말할 때나, 전항뿐만 아니라 후항의 대상에 대해 긍정적으로 평가를 하는 경우에 사용

▶ 彼女は英語はもとより中国語もできる。

▶ どんな状況でも出席はもとよりのことだ。

▶ 新しくできた喫茶店はコーヒーや紅茶はもとよりクッキーもおいしい。

▶「東京マラソン」には日本人はもとより海外から来る参加者も大勢います。

2.5.3 ~も

文型 181

～もかまわず ~도 신경 쓰지 않고

- ▶ 人目もかまわず大声で叫んでいた。
- ▶ 寒いのもかまわず毎朝7時からテニスをしている。
- ▶ 先輩は自分の状況もかまわず私に奢ってくれた。
- ▶ 主人は時々時間もかまわず同僚を連れてくるので家族みんな困っている。

文型 182

～もさることながら ~도 물론이거니와

전항의 사항도 물론 중요하지만, 후항의 사항이 더욱더 중요하다는 의미이다. 주로 후항의 사항을 강조할 때 쓰임

- ▶ 兄もさることながら妹もなかなか頭がいい。
- ▶ 田中君は歌もさることながらギターも上手なんです。
- ▶ このノートパソコンは、値段もさることながら軽くて使いやすい。
- ▶ 日本語は文法もさることながら漢字もちゃんと勉強する必要がある。

연습문제

Ⅰ. 次の文の(　　　)に入れるのに最もよいものを一つ選びなさい。

1. 海外旅行(　　　)国内さえもほとんど見て回ったことがない。

   1) うえに　　2) はおろか　　3) にくらべて　　4) にせよ

2. 講義の(　　　)に友達と話さないでください。

   1) あげく　　2) うえ　　3) 最中　　4) すえ

3. 部長は自分の都合(　　　)、私に奢ってくれた。

   1) はおろか　　2) は別にして　　3) はもとより　　4) もかまわず

4. このレストランは料理の見た目(　　　)、味も雰囲気も素晴らしい。

   1) もかまわず　　2) もさることながら　　3) はかなわない　　4) はともかく

5. 彼女はいちばん行きたかった大学に合格し、うれしさの(　　　)涙を流していた。

   1) あまり　　2) いじょう　　3) もとに　　4) はともかく

Ⅱ. 次の文の＿★＿に入れる最もよいものを一つ選びなさい。

1. 試合の結果 ＿★＿ ＿＿＿ ＿＿＿ ＿＿＿ そんなに気を落さないでください。

   1) 過程も　　2) ですから　　3) はともかく　　4) 大事

2. あのご夫婦は夕食後はいつもこの公園を散歩する。
   ＿＿＿ ＿＿＿ ＿＿＿ ＿★＿ 同じ道を歩いている。

   1) 雨の日　　2) もとより　　3) さえ　　4) 晴れた日は

3. 金さんの論文は大変すばらしい。鈴木教授の指導の ＿★＿ ＿＿＿ ＿＿＿ ＿＿＿ だろう。

   1) 重ねた　　2) もとで　　3) 結果　　4) 修正を

4. 木に登ること ＿★＿ ＿＿＿ ＿＿＿ ＿＿＿ 。

   1) かないません　　2) この人には　　3) だれも　　4) にかけては

5. 採否の＿＿＿、＿★＿ ＿＿＿ 。＿＿＿ お問い合わせには応じられません。

   1) 電話での　　2) いかんにかかわらず
   3) 結果はメールで　　4) お知らせします

03 조건표현

3.1 ば

文型 183

~さえ~ば ~만 ~하면

최소한의 조건을 충족하면 가능하다는 가정표현

- ▶ 醤油と卵さえあればどんな料理でも作れます。
- ▶ マニュアルを読みさえすれば誰にでも簡単にできるはずだ。
- ▶ 最近、自分さえよければいいという考えの人が増えてきた。
- ▶ 5分早く家を出さえすれば渋滞に巻き込まれず会社に行ったのに。

文型 184

~ばこそ ~이기에, ~하니까 비로소 ~이니까 그것 때문에

다른 것보다도「전항의 행위나 동작」때문임을 강조할 때 사용

- ▶ 夢があればこそ、人は生きていける。
- ▶ みんなの励ましがあればこそ、何でもできる。
- ▶ 親を思えばこそもっと勉強を頑張らなければいけない。
- ▶ これまでの努力があればこそ、今日までやってこられたのでしょう。

文型 185
～ば～ほど ~하면 ~할수록

- ▶ 寝れば寝るほど眠くなる。
- ▶ テニスはすればするほど楽しくなるスポーツだ。
- ▶ お金があまりないので安ければ安いほどうれしい。
- ▶ 経済が成長すればするほど貧富の差が広がっていく。

文型 186
～ばそれまでだ ~하면 끝이다

「～ば」조건 표현이 성립하면 그것으로 끝임을 나타냄

- ▶ いくら金持ちでも死んでしまえばそれまでだ。
- ▶ どんなに美しい花でも散ってしまえばそれまでだ。
- ▶ せっかくの野外コンサートも雨が降ればそれまでだ。
- ▶ この機械は水に弱いから、水がかかればそれまでだ。

3.2 たら

文型 187

～かと思(おも)ったら

~인가 했더니, ~하고 있구나 라고 생각 했더니

후항에는 예상외의 사태가 옴

- 春が来たかと思ったら、また寒くなった
- 子供は今泣いたかと思ったら、もう笑っていた。
- 妹は帰ってきたかと思ったら、すぐ出かけてしまった。
- 弟は寝たかと思ったら、いつの間にか起きてレポートを書いていた。

文型 188

～ときたら ~는 말이야

「ときたら」앞에 오는 주제에 대한 부정적인 이미지를 제시할 경우에 사용

- 母ときたら韓国ドラマにはまっている。
- うちの会社の社長ときたら、社員の話を全然聞かない。
- 彼ときたら自分のことだけで、他人のことは全然気にしない。
- うちの長男ときたら、夏休みになると部屋に閉じこもってゲームばかりする。

文型 189
~としたら ~이라고 한다면, ~한다고 한다면

후항에는 전항의 사태에 대한 화자의 판단・평가・의지 등의 표현이 옴

- ▸ この量を全部食べたとしたらお腹を壊すだろう。
- ▸ 本当にそんなことを彼がしたとしたら理由は何だろう。
- ▸ それが事実だとしたら、国中が大騒ぎになるでしょう。
- ▸ 仮に私が死んだとしたら、子供の面倒は誰が見てくれるんだろう。

cf ~しようとしたら **~하려고 했더니**

- ▸ 一言文句を言おうとしたら電話が切れた。
- ▸ シャワーを浴びようとしたら水が出なかった。

3.3 なら

文型 190
～くらい(ぐらい)なら ~할 정도라면 ~할 바에는

- 面白くない映画を見るくらいなら、本を読む。
- 無理して食べるくらいなら、残してもいいです。
- 言い訳をするくらいなら、自分のミスを素直に認めた方がいい。
- 目標もなく大学に行くくらいなら、早く就職して経験を積んだ方がいい。

文型 191
～ものなら 만약에 ~할 수만 있다면

실현될 가능성이 적은 것에 대해「만일 실현된다면」이라고 가정할 경우에 사용하며 동사 가능형에 접속. 주로 후항에는 화자의 희망을 나타내는 표현이 옴

- 行けるものなら今すぐにでも行きたい。
- できるものなら早く卒業して就職したい。
- 楽しかった子供のころに戻れるものなら戻りたい。
- 病気の子供を見ていると代われるものなら代わってやりたいと思う。

연습문제

Ⅰ. 次の文の(　　　)に入れるのに最もよいものを一つ選びなさい。

1. お金と時間(　　　)あれば、家族と旅行にでも行きたい。

1) だけ　2) しか　3) こそ　4) さえ

2. 家を建てる(　　　)、静かな所がいい。

1) とたんに　2) としても　3) としたら　4) ところ

3. もう出かけた(　　　)、まだ家でぐずぐずしていた。

1) ところを　2) かと思ったら　3) ことなく　4) ばかりに

4. 最近の若いママ(　　　)、子供が騒いでいてもちっとも注意しようとしない。

1) ときたら　2) ともなると　3) からすると　4) なら

5. あの時の思い出は消せる(　　　)消してしまいたい。

1) としたら　2) ともなると　3) ものなら　4) かと思ったら

Ⅱ. 次の文の ＿★＿ に入れる最もよいものを一つ選びなさい。

1. でも、＿＿＿ ＿★＿ ＿＿＿ ＿＿＿アイデアのように思えてきました。

1) 考えれば　2) 斬新で　3) 興味深い　4) 考えるほど

2. このライブの成功は ＿＿＿ ＿＿＿ ＿＿＿ ＿★＿ です。

1) 温かい応援が　2) あればこそ　3) のこと　4) お客様の

3. コンピュータに保存して ＿＿＿、＿＿＿ ＿＿＿ ＿★＿ 。

1) うっかり　2) おいても　3) それまでだ　4) 消してしまえば

4. スマホゲームを ＿＿＿ ＿＿＿ ＿＿＿ ＿★＿。

1) したら　2) 切れちゃった　3) しようと　4) バッテリーが

5. こんな大雪の日に ＿＿＿ ＿★＿、＿＿＿ ＿＿＿ いいと思う。

1) 家で映画を　2) ぐらいなら　3)飲みに行く　4) 見た方が

04 형식명사에 접속

4.1 こと

文型 192

～ことだ ~할 필요가 있다, ~해야 한다

주로 상대방을 위한 충고, 요구, 주장 등을 표현할 때 쓰이며 명령의 기능으로 사용되는 경우가 많음

- ▸失敗したくないのなら、慎重にすることだ。
- ▸海外に行きたいのなら、まずその国について調べることだ。
- ▸発表会で努力の実を結びたいなら、毎日練習することだ。
- ▸テストでいい点数がとりたいのなら、もっと勉強することです。

cf ～ないことだ ～하지 말아야 한다

- ▸大切なことは夢を諦めないことです。
- ▸お金を貯めたいなら、まず不要な出費はしないことだ。
- ▸親しければ親しいほど友達のことを悪く言わないことだ。

文型 193
～ことだから ~에 관한 (일)이니까, ~이니까

후항에는 대상의 지금까지 행동으로 보아 어떻게 할 것이라는 화자의 판단이 주로 옴

▶ 彼のことだから、まず成功するだろう。

▶ あの人のことだから、どうせ締め切りまでには出せないだろう。

▶ 時間に厳しい彼女のことだから、約束の時間には来ると思う。

▶ 真面目な彼女のことだから、レポートはすでに出したはずです。

文型 194
～ことか (얼마나)~했는지, ~하는지

마음속 느낌, 감정을 담아 말할 때 사용한다. 「どんなに、どれほど、なんと」등 강조하는 표현과 함께 쓰이는 경우가 많음

▶ 連絡がとれなくてどれほど心配したことか、分かりますか。

▶ その仕事がどれほど大変なことか、君は予想もできないはずだ。

▶ この曲は高校でいったい何回歌ったことか、今も歌詞を覚えている。

▶ 成功がどんなに嬉しいことか、成功してみたことがない人は分かるまい。

文型 195
～ことから ~로 인해, ~인 점 때문에

어떤 사항의 원인・이유가 후항의 결과로 나타남을 의미

▶ データ数が少ないことから正確な統計を出すのは難しくなった。
▶ 彼はどんな料理も作れることから友達からシェフと呼ばれている。
▶ 友人がモデルだったことからモデル事務所にお邪魔したことがある。
▶ 大阪はたこ焼きやお好み焼きなど安くて美味しいものが多いことから「食い倒れの街」と呼ばれています。

文型 196
～ことはない ~할 필요는 없다, ~것은 아니다

1) ～할 필요는 없다

어떤 행위에 대해「그럴 필요가 없다, 하지 않아도 된다」고 하는 의미로, 격려하거나 충고할 때 주로 사용

▶ 単なる子供のいたずらだから、そんなに怒ることはない。
▶ ちょっと言われただけで、そんなに落ち込むことはないよ。
▶ 簡単な手続きだから、心配することはありません。すぐに終わりますよ。

2) ～것은 아니다 , ～(까지)할 필요는 없다

▶ 私はアフリカに行きたくなかったということはない。
▶ 長年の悪い習慣を改めることほど難しいことはない。
▶ メールで送ればいいから、わざわざ届けに行くことはない。

cf ～ないということではない ～않다고 하는 것은 아니다.

「~이라는 것이 아니라 단지 ~을 말하고 싶을 뿐」의 의미

▶ まだ働きたくないということではないが、もう少し学生でいたい。
▶ 寝させないということではないが、明日までのレポートがまだ終わってない。

文型 197

～こととて ~라서 그런지

▸ まだ検討中のこととてはっきりは言えません。

▸ お盆休みのこととて列車の切符がまったくない。

▸ 何も知らぬこととて迷惑ばかりかけてすみません。

▸ 慣れぬこととて時間ばかりかかり、少しも捗らない。

文型 198

～ことなく ~하지 않고서

「～ないで」「～ず（に）」에 가까운 의미로서, 문어체적인 표현임

▸ 犠牲を払うことなく勝利を得ることは不可能だと思う。

▸ 原則を変えることなく現実に対応することが大切だ。

▸ 彼は何度失敗しても諦めることなく研究を続けてきた。

▸ 一瞬もためらうことなく会社に出す自己紹介書を書き始めた。

文型 199

～ことなしに ~없이

전항의 사항 없이 후항의 사항을 할 수 없다는 의미

▸ 種を蒔くことなしに刈り取ることはできない。

▸ 褒めてやることなしに子供は育たないものだ。

▶ 大学はグラウンドの費用を払うことなしに利用できるわけです。

▶ 上司に協力の依頼をしたら、何も聞くことなしにオッケーしてくれた。

文型 200
～ことになっている ~하기로 되어 있다

▶ 日本では車は左側を走ることになっている。

▶ この家では子どもたちが掃除をすることになっているんです。

▶ ここは乗務員以外入ってはいけないことになっているはずです。

▶ 今回の合宿では母国語は使わず英語だけで話すことになっている。

cf ～(という)ことになっている ～라고 하는 것으로 되어 있다

▶ 60点以下は不合格ということになっている。

▶ 家では寝る前にお祈りをするということになっている。

▶ レポートはテストの前に提出するということになっている。

文型 201
～ないことには ~하지 않고서는

전항의 사항 없이는 후항의 사항은 없다는 의미를 나타냄

▶ 上司に相談してみないことには、解決策が見つからない。

▶ この仕事を終らせないことには誰も満足させることはできない。

▶ どんなことでもやってみないことにはできるかどうか分からない。

▶ 質問に答えてもらわないことにはこれ以上続けることはできない。

文型 202
~ことがある ~할 때(경우)가 있다

▶ 時々、テレビをつけたまま寝てしまうことがあります。

▶ ラッシュアワーの時は電車に乗れないことがあります。

▶ 私はよく落ち込むことがあるが、辛いものを食べれば元気になります。

▶ 土曜日もたまたま会社へ行くことがあるが、いつもは家でごろごろしている。

cf ~たことがある ~한 적이 있다

▶ ハンガン(漢江)を泳いで渡ったことがある。

▶ こんなに美味しいお餅は食べたことがありません。

▶ ビールと焼酎を混ぜた爆弾酒を飲んだことがありますか。

文型 203
~ことに ~하게도

감정형용사와 접속하여 어떤 사실에 대해 느낌을 강조할 때 사용

▶ 驚いたことに彼は6か国語が話せるそうだ。

▶ 残念なことに彼は今月を限りに退職することになった。

▶ 不思議なことに彼女はそれについて何も知らなかった。

▶ 嬉しいことに来年１月から、給料が10パーセント上がるらしい。

연습문제

Ⅰ. 次の文の(　　　)に入れるのに最もよいものを一つ選びなさい。

1. 売れる洋服を開発するには、まずお客のニーズを掴む(　　　)です。

1) わけ　2) もの　3) こと　4) はず

2. 有能な木村さんの(　　　)、きっといい仕事につくだろう。

1) はずだから　2) ことだから　3) わけだから　4) べきだから

3. あの人が明日アメリカから帰ってくる。私はこの日をどれほど待っていた(　　　)。

1) ことはない　2) ことだ　3) ことか　4) ことから

4. どんな人か、実際あってみ(　　　)、よく分からない。

1) ないことだから　2) ないことなく　3) ないことから　4) ないことには

5. 締め切りが明日までなので、彼は30時間も休む(　　　)発表の準備をしています。

1) ことなく　2) ことには　3) ことから　4) ことか

Ⅱ. 次の文の＿★＿に入れる最もよいものを一つ選びなさい。

1. まだ ＿＿＿ ＿★＿ ＿＿＿ ＿＿＿できません。

1) お返事は　2) はっきりとした　3) 検討中の　4) こととて

2. この契約 ＿＿＿ ＿★＿ ＿＿＿ ＿＿＿ 。

1) お金を　2) ことになっている　3) によって　4) 払わなければならない

3. 最近では子供が少なくなってきている ＿★＿ ＿＿＿ ＿＿＿ ＿＿＿ 。

1) 減り　2) ことから　3) 学校の数も　4) つつある

4. 係の ＿★＿ ＿＿＿ ＿＿＿ ＿＿＿ できない。

1) ことなしに　2) 勝手に休みを　3) 許可を得る　4) 取ることは

5. できることはすべてやったんだから、＿＿＿ ＿★＿ ＿＿＿ ＿＿＿ よ。

1) ことはない　2)頭を下げる　3) でなくても　4) 期待された結果が

4 형식명사에 접속

4.2 もの

文型 204
～ものだ

1) 당연 : ~하는 법이다

어떠한 사항의 이상적인 상태의 당위성을 주장할 때 사용. 개인의 생각보다 일반적인 상식에 대해 말할 때 사용

▸ 人はお互いに助け合って生きるものだ。

▸ 年を取るにつれて筋肉もなくなるものだ。

2) 놀람, 감탄 : ~로구나

▸ 時間がたつのは早いものだね。もう4年生になったんだよ。

▸ ドローンを使って商品が宅配できるなんて、 世の中便利になったものだ。

文型 205
～ものではない ~해서는 안 된다

주로 충고나 조언을 할 때 사용하는 권유표현

▸ 寄付は強制するものではない。

▸ 友達をいじめるものではないですよ。

▸ 他人のことは話すものではないです。

▸ 大人ならそんな発言をするものではない。

文型 206

～ものがある ~하는 점이 있다

화자의 느낌을 말하는 것으로 앞에는 감정을 나타내는 말이 오는 경우가 많음

- 彼女の歌には心に触れるものがある。
- 最近、田中さんの行動には目覚ましいものがある。
- 成功したあの社長にはなんだか人の心を引くものがある。
- 校長先生のスピーチには学生を感動させるものがあった。

文型 207

～ものだから ~이기 때문에

「~이라서 어쩔 수 없다」는 의미로 자신의 이유, 사정을 설명하여 상대방에게 변명을 말할 때 사용되는 경우가 많음

- 悲しかったものだから大声で泣いてしまった。
- 時計が止まっていたものだから遅れてしまいました。
- 歯並びが良くないものだから、矯正をしようと思っている。
- 今度の旅行は娘がすごく期待していたものだから行けなくなったとは言えない。

ポイント

「ものだから」와 「から」

「ものだから」는 「から」로 교체할 수 있지만 의지·명령표현은 접속불가

(x) 彼の家は駅から近いものだから歩こう。

⇨ 彼の家は駅から近いから歩こう。

文型 208
～ものの ~하기는 하지만

▸ 予約はしたものの行くかどうかまだ迷っている。

▸ 就職はできたものの、故郷から離れるのが心配です。

▸ 卒業は嬉しいものの、これから社会に出るのが心配だ。

▸ ダイエットしなければとは思うものの、夜になるとラーメンが食べたくなる。

文型 209
～ものを ~일 텐데

유감, 후회, 불만을 말할 때 쓰는 표현

▸ 昨日やったら今日はゆっくりできたものを。

▸ 行けばよかったものをどうして行かなかったんだろう。

▸ 早く返事すればいいものを返事をしないから怒られるんだよ。

▸ あなたが困っていることを知っていれば何とか力になったものを。

文型 210
～ものか/もんか ~하겠는가!

「절대로～하지 않을 것이다」 라는 화자의 강한 의지를 나타낸다. 주로 회화체에서 사용되며, 하강 인터네이션을 사용

▸ 今さら謝ったって許すもんか。

▶ あんな会社なんか、誰が行くもんか。
▶ もうこれ以上するものか。絶対しない。
▶ 妹がいじめられているのに黙っていられるものか。

연습문제

Ⅰ. 次の文の(　　　)に入れるのに最もよいものを一つ選びなさい。

1. 親は、暑いにつけ寒いにつけ、離れて暮す子供を心配する(　　　)。

   1) ことだ　　2) ものだ　　3) はずだ　　4) べきだ

2. あいつなんかにお金を貸す(　　　)。貸しても返してもらえないんだから。

   1) ものを　　2) ものだ　　3) ものか　　4) ものがある

3. 最近人気のあるゲームだというのでやってはみた(　　　)、私にはやはり無理だった。

   1) ものの　　2) ものだ　　3) ものか　　4) ものを

4. 人気者の彼にはなんだか人の心を引く(　　　)。

   1) ものではない　　2) ものだから　　3) ないものではない　　4) ものがある

5. 勉強を熱心にしてたら大学の受験に合格した(　　　)、遊んでばかりで勉強に集中しなかったことを悔やんでいる。

   1) ものだから　　2) ものを　　3) ものか　　4) ものだ

Ⅱ. 次の文の＿★＿に入れる最もよいものを一つ選びなさい。

1. 娘があまりに楽しみにしていた ＿＿、＿＿ ＿＿ ＿★＿ すぐには言えなかった。

   1) 遊園地に　　2) ものだから　　3) とは　　4) 行けなくなった

2. 子供の ＿＿ ＿＿ ＿＿ ＿★＿。

   1) 馬鹿に　　2) ものではない　　3) 意見を　　4) する

3. 諦める ＿★＿。＿＿ ＿＿ ＿＿ 。

   1) がんばり　　2) 最後まで　　3) ものか　　4) ぬくぞ

4. あなたがお金に困っているとことを ＿＿、＿＿ ＿＿ ＿★＿ 。

   1) ものを　　2) 何とか　　3) 力になった　　4) 知っていれば

5. 彼へのプレゼントは買った ＿＿、＿★＿ ＿＿ ＿＿ 分からない。

   1) いいのか　　2)渡せば　　3)どうやって　　4)ものの

4.3 ところ·わけ·べき

文型 211
~ところ ~하였더니

어떠한 사건의 결과에 대해 이야기할 때 사용

▸ 親切に忠告したところ、憎まれてしまった。

▸ 実際見たところ、そんなに面白くなかった。

▸ 彼に聞いたところ、分からないと言われた。

▸ 彼は病院で受診したところ、何の問題もないと言われた。

cf 관용표현

▸ 今学期も残すところあと１ヶ月だ。

▸ 宿題も残すところあと20ページです。

▸ 今年も残すところあともうちょっとです。

文型 212
~どころか ~은 커녕

화자 혹은 청자의 예상, 기대와는 상반된 사실을 말할 때 사용

▸ 慰められるどころか叱られた。

▸ 今日は早退どころか残業だ。

▸ 間違いを指摘すると感謝されるどころか嫌がられた。

▸ 近道してみたところ、早いどころかむしろ時間がかかってしまった。

文型 213
～ところだ (막)~하려는 참이다

동작이나 변화가 직전의 단계에 있다는 것을 나타낸다.「丁度、今、これから」등과 같은 부사와 호응함

- ▶ 授業が始まるところだ。
- ▶ ちょうど今銀行に行くところです。
- ▶ 今からご飯を食べようとしているところです。
- ▶ トレーニングが終わってお風呂に入るところだ。

cf V-たところだ 막 ~했다

바로 직전에 일어난 일에만 사용할 수 있으며 시간이 조금 지난 뒤에는 사용불가

- ▶ 子供は今寝たところです。
- ▶ そうでなくても行こうとしたところだ。
- ▶ ちょうどインタビューが終わったところだ。
- ▶ 今日の昼御飯は何にしようかと話をしていたところだよ。

文型 214
～ところだった 막~할 뻔 했다

어떤 일이 일어나기 직전에 피할 수 있었다는 의미이다.

- ▶ 仕事をやりそこなうところだった。
- ▶ 楽しすぎてレポートを忘れるところだった。
- ▶ あ、危なかった！もう少しで車にぶつかるところだった。
- ▶ 終電に乗り遅れるところだったけど、ギリギリ間に合った。

文型 215

~ところを ~하는 장면(상황)에

전항의 상황에 대하여 상대방에게 사과나 감사의 표현으로도 쓰임

▸ 楽しんでいるところをお邪魔して申し訳ございません。

▸ 会議中にお腹が痛くて困っているところを彼に助けてもらった。

▸ お忙しいところをわざわざお越しいただきありがとうございました。

cf ~ところをみると ~하는 것을 보니

▸ 来ないところをみると彼は忙しいようだね。

▸ 驚かなかったところをみるともうすでに知っていたかも。

▸ 朝からニコニコしているところをみると何かいいことがあったんだよね。

연습문제

Ⅰ. 次の文の(　　　)に入れるのに最もよいものを一つ選びなさい。

1. 私は息子が学校で野球をしている(　　　)見た。

1) ところで　2) ところに　3) ところを　4) ところ

2. パチンコで儲けようとしたが、儲ける(　　　)大損をした。

1) ところで　2) どころか　3) ところを　4) ところに

3. 先生がたまたま確認してくださったからよかったものの、もう少しで原稿の締め切りに間に合わなくなる(　　　)。

1) ところだ　2) どころに　3) ところだった　4) どころではない

4. 部長に頼まれた仕事が終わって、ちょうど帰る(　　　)。

1) ところたった　2) どころだ　3) ところだ　4) どころではない

5. 昔住んでいた町を訪ねた(　　　)、まったく様子が変っていて道に迷ってしまった。

1) どころ　2) どころに　3) ところを　4) ところ

Ⅱ. 次の文の＿★＿に入れる最もよいものを一つ選びなさい。

1. 電灯が ＿＿＿ ＿★＿、＿＿＿ ＿＿＿ ようだ。

1) もう寝た　2) 彼女は　3) ところを見ると　4) 消えている

2. 今日は日本語文法の授業が ＿＿＿、＿＿＿ ＿＿＿ ＿★＿ 。

1) 今から　2) ところだ　3) あるので　4) 家を出る

3. 今の給料じゃ貯金を ＿＿＿ ＿★＿ ＿＿＿ ＿＿＿ くらいです。

1) 食べて　2) いけない　3) どころか　4) する

4. 授業に間に合うために、タクシーで行った ＿＿＿、＿＿＿ ＿★＿ ＿＿＿ 巻き込まれ、遅刻してしまった。

1) 渋滞に　2) 早く着く　3) ところ　4) どころか

5. 君が私のアリバイを ＿＿＿ ＿★＿、＿＿＿ ＿＿＿ されるところだった。

1) くれなかったら　2) 私は　3) 確認して　4) 犯人に

文型 216

~わけだ ~이기 때문에 그래서 ~한 것이다

전항에서 제시된 상황이나 문맥을 근거로 논리적으로 결론이 도출됨을 나타낸다. 주로 설명이나 해설에서 사용

- ▸ 窓が開いているから寒いわけだよ。
- ▸ 明日テストがあるから勉強するわけだね。
- ▸ 彼は毎朝走っているから体重が減るわけだ。
- ▸ 毎日勉強をしたから日本語が上手になったわけだ。

cf **~わけか ~라서 ~인 것인가? / ~이구나 (납득)**

- ▸ 何だ、彼女ができたからおしゃれをするわけか。
- ▸ 長い間一人で暮していたから料理がうまいわけか。
- ▸ パソコンが下手だからレポートはいつも手書きで出すわけか。

文型 217

~わけがない ~할 리가 없다

- ▸ こんな作品が売れるわけがない。
- ▸ 自分について書いた記事を忘れるわけがない。
- ▸ こんなに忙しい時期に旅行に行けるわけがない。
- ▸ いつも真面目な彼だから、みんなに信用されないわけがないでしょう。

文型 218
～わけではない (반드시) ~인 것은 아니다

「いつも、何でも、全員」과 같은 부사와 호응

▶ 彼はいつも厳しいわけではない。
▶ 仲がよくても何でも頼めるわけではない。
▶ 勉強が嫌いな子なので、進学させたいわけではない。
▶ 長い間日本で住んでいたからといって日本語がうまくなったというわけではない。

cf ～ないわけではない ～아닌 것은 아니다

▶ 食べたくないわけではないが、夜だから遠慮しておくね。
▶ 友だちの誘いだから行きたくないわけではないが、今日は仕事が溜ってる。
▶ 課長からもらった猫、飼いたくないわけではないけど世話が大変なんだよな。

文型 219
～わけにはいかない (아무리 힘들어도) ~할 수 있는 것은 아니다

「도저히 ~할 수 없다」고 하는 화자의 강한 의지 표현

▶ あの子との約束を破るわけにはいかない。
▶ まだ子供が幼いから死ぬわけにはいかない。
▶ 君をこれ以上後悔させるわけにはいかないでしょう。
▶ 帰りたいけれども、卒業できるまでは帰国するわけにはいかない。

文型 220 ～べきだ/べき 당연히 ~해야 한다

조동사「べし」의 활용어로「～하는 것이 당연하다」「～하는 것이 좋다」「～하지 않으면 안 된다」라는 의미

- あなたはもっと早く全てを告白すべきだった。
- 事故を起こしたら、まず警察に届けるべきだ。
- 子供たちには真実を話すように教えるべきです。
- 人との約束はどんなことがあっても守るべきだと思う。

cf ～べきではない ～해서는 안 된다

충고나 권유, 금지, 명령의 의미이며 문어체적인 표현

- 時間を無駄に使うべきではない。
- 忘年会だとしても酔うまで飲むべきではない。
- いくら欲しくても人のものに手を出すべきではない。

cf ～べからず ～하지 말 것

그 행위가「바람직하지 못하다, 좋지 않다」는 의미이다. 상당히 강한 느낌의 금지 표현으로 주로 간판이나 게시판에 사용됨

- 未成年者は入るべからず。
- 関係者以外立ち入るべからず。
- 私有地につき駐車するべからず。

연습문제

Ⅰ. 次の文の(　　　)に入れるのに最もよいものを一つ選びなさい。

1. 彼女は小学校の頃アメリカに住んでいたそうです。それで英語が上手な(　　　)ね。
   1) べきです　2) ものです　3) わけです　4) ほどです
2. あの記者が自分について書いた記事を忘れる(　　　)。
   1) わけがない　2) ことがない　3) べきでない　4) はずではない
3. 約束は守る(　　　)です。そうしないと信用がなくなります。
   1) はず　2) べき　3) わけ　4) もの
4. 一人でやるのは大変ですが、みんな忙しそうなので手伝ってもらうわけ(　　　)。
   1) だ　2) がない　3) ではない　4) にはいかない
5. 今すぐ食べたい(　　　)が、買っておこう。
   1) べきだ　2) わけではない　3) はずではない　4) べきではない

Ⅱ. 次の文の ＿★＿ に入れる最もよいものを一つ選びなさい。

1. 世話を ＿＿＿ ＿＿＿ ＿＿＿ ＿★＿。
   1) 動物は　2) べきではない　3) しないなら　4) 飼う
2. Aさんは子供が 4 人もいるから、＿＿＿ ＿＿＿ ＿＿＿ ＿★＿ 。
   1) 働いている　2) わけです　3) 休まず　4) 休日も
3. 天才の彼にして解けない問題 ＿★＿、＿＿＿ ＿＿＿ ＿＿＿ 。
   1) わけがない　2) だから　3) 凡才の私に　4) 解ける
4. 彼にパーティーに ＿＿。＿★＿ ＿＿ ＿＿ しないでいろいろ考えているうちに時間がたってしまった。
   1) さそわれた　2) わけではないが　3) すぐに返事を　4) 行きたくない
5. 主張す ＿★＿ ＿＿＿ ＿＿＿ ＿＿＿ あっても主張すべきだ。
   1) ことは　2) たとえ　3) べき　4) 親で

05 그 외

文型 221

～かたがた ~할 겸해서

전항의 동작과 겸해서 후항의 동작을 한다는 표현

▸ 散歩かたがた友だちの家へ遊びに行った。

▸ 先日お世話になったお礼かたがた社長のお宅に伺いました。

▸ 来年結婚する息子が結婚の報告かたがた婚約者を連れてきた。

▸ 打ち合わせを早めに切り上げて、工場見学かたがた彼の事務所に寄ってみないか。

文型 222

～からすると ~으로 보면

전항의 근거로 인해, 후항의 판단이나 평가가 이루어짐을 나타냄

▸ あの車は形からすると、20年ぐらい前のでしょう。

▸ 彼は子供の立場からすると、いいパパとは言えない。

▸ 症状からすると、心臓の病気ではないかもしれません。

▸ 昨年のデータからすると、金さんの結論は間違っている。

文型 223

～ずくめ 일색, 온통

명사에 접속되어 그 명사가 「～일색, 온통」임을 나타냄

▶ 彼は黒ずくめの目立たない洋服ばかり着ている。

▶ 今日は朝からいいことずくめの幸せな一日だった。

▶ 規則ずくめの寮に入ってからというもの、疲れがとれない。

▶ 今年は息子の就職、娘の結婚と、めでたいことずくめの一年だった。

ポイント

ずくめ / だらけ / まみれ의 차이점

	ずくめ	まみれ	だらけ
人	X	X	O
色	O	X	X
液体	X	O	△
이미지	긍정, 부정	부정	긍정, 부정

▶ 彼は黒{(o)ずくめ/ (x)だらけ/ (x)まみれ}の服ばかりを着ていた。

▶ 東京タワーは平日外国人{(o)だらけ/ (x)ずくめ/ (x)まみれ}と聞いた。

▶ 友たちと泥{(o)だらけ/ (x)ずくめ/ (o)まみれ}になって遊んだのはいい思い出になる。

文型 224

～たりとも ~일지언정, ~조차도

주로 「一滴・一秒・一粒」등과 같은 명사와 접속하여 최소한이라도 허용하지 않는다는 의미

- あなたのことは1日たりとも忘れたことはありません。
- こんな忙しい時期には一秒たりとも無駄にはできません。
- 寄付金で集めたお金は１円たりとも無駄に使ってはいけない。
- どんな相手でも試合が終わるまでは一瞬たりとも油断はできない。

文型 225 ~たるもの ~인 자, ~라는 자(는), 사람은

전항에는 사람의 신분 등을 나타내는 명사가 오고, 후항에는 그 신분의 사람이 마땅히 해야 하는 의무의 표현으로 연설이나 격식 있는 자리에서 사용

- 医者たるものは患者を大切にするべきだ。
- 政治家たるものは清廉潔白でなければならない。
- 教師たるものは生徒のお手本にならなければならない。
- 公務員たるもの、物品の授受に関してはむしろ潔癖であるべきだ。

文型 226 ~であれ~であれ ~이든 ~이든

- 文学であれ音楽であれ、芸術には才能も必要である。
- 男であれ女であれ、簡単な料理はできた方がいいです。
- 貧乏であれお金持ちであれ、自分の夢に向かって進むべきである。
- 地震であれ火事であれ、緊急の場合には冷静を保つ必要がある。

文型 227

～ともなると ~라도 되면, ~이 되면 평소와 달리

전항에 주로 시간, 연령, 신분 등을 나타내는 표현이 오고, 후항에는 전항에 의해 예상되는 결과나 평가가 옴

- 休日ともなると、朝から観光客の車で道が渋滞する。
- 年末ともなると、大掃除やお節料理の準備で忙しくなる。
- 12月ともなると、町はジングルベルのメロディーがあふれる。
- お盆ともなると、帰省ラッシュで多くの高速道路が混雑しますよね。

文型 228

～ぬきに(は) ~없이(는)

「～없이는 ～가 불가능하다」는 의미

- 環境問題ぬきには今の経済は語れない。
- このチームの優勝は彼女ぬきには考えられない。
- この問題は国民の感情ぬきには解決できないと思う。
- 彼は親の助けぬきに自分だけの力では何事もできない。

文型 229
～まみれ ~투성이

▸ みんなは汗まみれで、最後まで走った。

▸ 借金まみれの生活から早く脱出したい。

▸ 彼女は転んだからか、服がどろまみれだった。

▸ 昨日も粉まみれになりながら、子供のためにパンを作っていました。

文型 230
～むけに(の) ~용으로, ~을 위하여

▸ 幼児むけの絵本は字を大きく書く必要がある。

▸ このデザイナーは若者むけの服をたくさんデザインした。

▸ 韓国人むけの観光パンフレットがあってとても嬉しかった。

▸ このアパートは一人暮らしのお年寄りむけに設計されています。

연습문제

Ⅰ. 次の文の(　　　)に入れるのに最もよいものを一つ選びなさい。

1. 先日お世話になったお礼(　　　)、先生の研究室にお邪魔しました。

1) がてら　2) かたがた　3) たりとも　4) むけに

2. 指導教授の助言(　　　)、卒業の論文を完成させるのはたぶん無理だろう。

1) たりとも　2) まみれ　3) ぬきに　4) むけに

3. 社長のあの表情(　　　)、この企画はあんまり進めたくないみたい。

1) からすると　2) ぬきに　3) ともなると　4) たりとも

4. アルバイトで集めたお金は1円(　　　)無駄にできない。

1) まみれ　2) ずくめ　3) たるもの　4) たりとも

5. 規則(　　　)の高校に入ってからというもの毎日疲れがとれない。

1) まみれ　2) ずくめ　3) たるもの　4) たりとも

Ⅱ. 次の文の＿★＿に入れる最もよいものを一つ選びなさい。

1. 子供であれ大人 ＿＿＿ ＿＿＿ ＿★＿ ＿＿＿ べきである。

1) 進む　2) であれ　3) 向かって　4) 自分の夢に

2. 桜の ＿＿＿ ＿★＿ ＿＿＿ ＿＿＿ にぎわう。

1) この公園は　2) 季節　3) ともなると　4) 花見客で

3. ＿★＿ ＿＿＿ ＿＿＿ ＿＿＿ 持つように教えなければならない。

1) 生徒が　2) たるものは　3) 教師　4) 夢を

4. 小さい頃、よく ＿＿＿ ＿＿＿ ＿★＿ ＿＿＿ ことがある。

1) 遊んだ　2) になって　3) 泥　4) まみれ

5. ＿＿＿ ＿★＿ ＿＿＿ ＿＿＿ とても楽しかった。

1) あって　2) 向けの　3) 温泉が　4) 女性

찾아보기

と

な

に

찾아보기

ぬ

の

は

へ